UNIVERSITÉ DE PARIS. — FACULTÉ DE DROIT

LA RESPONSABILITÉ PÉNALE

DES

MINISTRES

D'APRÈS LE DROIT FRANÇAIS ACTUELLEMENT EN VIGUEUR

THÈSE POUR LE DOCTORAT

Présentée et soutenue le samedi 28 octobre 1899, à 2 heures

PAR

André Georges BEL

PARIS

LIBRAIRIE NOUVELLE DE DROIT ET DE JURISPRUDENCE

ARTHUR ROUSSEAU, ÉDITEUR

14, RUE SOUFFLOT ET RUE TOULLIER, 13

—

1899

ation ni

thèses ;

propres

SE

DOCTORAT

LA RESPONSABILITÉ PÉNALE

DES

MINISTRES

D'APRÈS LE DROIT FRANÇAIS ACTUELLEMENT EN VIGUEUR

THÈSE POUR LE DOCTORAT

L'ACTE PUBLIC SUR LES MATIÈRES CI-APRÈS

Sera soutenu le samedi 28 octobre 1899, à 2 heures

PAR

AɴᴅʀÉ Gᴇᴏʀɢᴇs BEL

Président : M. ESMEIN.

Suffragants : MM. CHAVEGRIN, *professeur.*
GARÇON, *agrégé.*

PARIS

LIBRAIRIE NOUVELLE DE DROIT ET DE JURISPRUDENCE

ARTHUR ROUSSEAU, ÉDITEUR

14, ʀᴜᴇ SOUFFLOT ET RUE TOULLIER, 13

1899

LA
RESPONSABILITÉ PÉNALE DES MINISTRES

D'APRÈS

LE DROIT FRANÇAIS ACTUELLEMENT EN VIGUEUR

PREMIERE PARTIE

THÉORIE DE LA RESPONSABILITÉ

La responsabilité pénale des ministres, depuis la première assemblée de la Révolution, a toujours sollicité l'attention du législateur.

Les ministres, en effet, inquiètent le peuple à cause de la puissance qu'ils détiennent et du mal qu'ils peuvent faire.

« L'une des parties les plus remarquables des cahiers, écrit M. Albert Desjardins, est assurément celle qui, dans presque tous, est consacrée aux crimes et délits commis par les ministres et les agents du pouvoir exécutif. Ici l'accord est complet : un sentiment aussi ancien en France que la monarchie elle-même se donne libre carrière, la défiance poussée jusqu'à la haine à

LA

RESPONSABILITÉ PÉNALE DES MINISTRES

d'après

LE DROIT FRANÇAIS ACTUELLEMENT EN VIGUEUR

PREMIERE PARTIE

THÉORIE DE LA RESPONSABILITÉ

La responsabilité pénale des ministres, depuis la première assemblée de la Révolution, a toujours sollicité l'attention du législateur.

Les ministres, en effet, inquiètent le peuple à cause de la puissance qu'ils détiennent et du mal qu'ils peuvent faire.

« L'une des parties les plus remarquables des cahiers, écrit M. Albert Desjardins, est assurément celle qui, dans presque tous, est consacrée aux crimes et délits commis par les ministres et les agents du pouvoir exécutif. Ici l'accord est complet : un sentiment aussi ancien en France que la monarchie elle-même se donne libre carrière, la défiance poussée jusqu'à la haine à

B. — 1

l'égard des ministres, êtres nécessairement malfaisants, dont il est par malheur impossible de se passer (1). »

Mais déjà la défiance qu'inspiraient les ministres était si grande que la responsabilité purement pénale ne paraissait plus suffisante pour se garantir contre eux.

Dans la séance du 6 avril 1791 (2), à l'Assemblée constituante, alors qu'on discutait la *loi sur l'organisation du ministère*, Pétion disait :

» L'habitude du pouvoir est ce qui corrompt tous les hommes ; toujours les vieux ministres ont été des hommes corrompus, toujours les vieux ministres ont été les tyrans de leurs maîtres et les oppresseurs des nations. Ne vous rassurez pas sur la responsabilité ; c'est une bien faible ressource ; combien de moyens pour échapper ! combien d'actes secrets pour miner la constitution ! Instruisez-vous par l'exemple de vos voisins, par l'exemple de toutes les nations. Compte-t-on beaucoup de ministres qui aient été poursuivis ?

« Je pense donc que les ministres ne doivent être nommés que pour un temps limité... Je ne m'éloignerais pas de la réélection des ministres, mais je voudrais que le corps législatif fût autorisé à déclarer s'il y a ou non lieu à réélection ; par ce moyen le ministre serait intéressé à conserver l'opinion publique. »

Il est aisé de découvrir dans ces paroles la préoccu-

(1) A. Desjardins, *Les cahiers des Etats-généraux en 1789 et la législation criminelle*, p. XXXVIII.
(2) *Moniteur universel*, nº 98, 8 avril 1791, p. 401.

pation de ce que nous appelons aujourd'hui la responsabilité politique des ministres. Cette préoccupation d'ailleurs devait dominer tout le débat. Pour s'en convaincre, il suffit de parcourir jusqu'au bout la discussion du 6 avril 1791.

Après Pétion, Buzot ajoutait : «... Il est beaucoup de circonstances où la responsabilité ne peut s'exercer d'une manière effective... Je n'aurais point à faire ces observations si dans le nouveau projet du comité je retrouvais l'article précieux qui accordait au corps législatif la faculté de demander au roi le renvoi des ministres... s'il (le corps législatif) pouvait faire au roi des représentations contre les ministres qui se conduiraient aussi mal que M. Montmorin a fait dans cette circonstance. »

La circonstance à laquelle fait allusion Buzot est la nomination de certains ambassadeurs. Question purement politique, comme on le voit.

Charles Lameth abondait dans le même sens. Non seulement il désirait que les crimes des ministres et les peines applicables à chacun de ces crimes fussent bien définis, mais il revendiquait encore pour le parlement le droit de faire des représentations au roi sur ses ministres. Il ajoutait même que sans la possibilité de ces représentations il n'y avait aucune garantie pour la constitution, ou il y avait seulement une garantie dérisoire.

Goupil allait plus loin encore peut-être, et il considérait sa proposition comme le « palladium de la liberté ».

Si, après la première déclaration du corps législatif, demandait-il, le roi conserve ses ministres, et que la suivante législature vienne à faire la même déclaration, les fonctions du ministre demeurent suspendues à l'instant.

Beaumetz ajoutait : « Je désire que cet esprit de surveillance et de défiance des ministres dure longtemps. C'est là qu'il faudra toujours avoir les yeux, car ce sera toujours de là que partiront les attaques portées à la liberté. »

L'orateur, partageant l'avis de Buzot et des autres, disait enfin :

« … Je répète que, lorsque nous aurons acquis l'usage du gouvernement représentatif nous saurons qu'il est impossible qu'un ministre marqué du sceau de la réprobation nationale conserve plus longtemps sa place. »

Ainsi c'était bien net, si net même que Cazalès, ne s'y trompant pas, proposait aussitôt d'accorder au roi le droit de dissolution.

Certes on ne parlait point encore de responsabilité solidaire, mais il ne serait pas raisonnable de nier que de semblables opinions étaient l'acheminement inévitable à la responsabilité politique telle que nous la comprenons aujourd'hui dans le gouvernement parlementaire.

Si, au seuil de cette étude, nous avons insisté comme nous venons de le faire sur la discussion qui eut lieu à l'Assemblée constituante, à propos de la *loi sur l'orga-*

nisation du ministère, c'est que nous avons voulu bien dégager tout d'abord la grande préoccupation qui dominait déjà tout le débat, comme elle dominera plus tard la thèse de Benjamin Constant, un véritable parlementaire celui-là.

On s'inquiétait à l'avance de la résistance possible d'un ministre mauvais administrateur, mais non susceptible de tomber sous le coup de la loi pénale. On voulait avoir le moyen, en l'absence de crimes prévus, de lui enlever le pouvoir, pour qu'il ne pût pas nuire plus longtemps. On essayait bien d'arriver à ce résultat par le simple jeu de la responsabilité pénale. La loi du 27 avril 1791 relative à l'organisation du ministère, discutée dans la séance du 6 avril, énumérait dans son article 29 les faits dont les ministres étaient responsables. Elle disposait, article 31 : « Les délits des ministres, les réparations et les peines qui pourront être prononcées contre les ministres coupables, seront déterminés dans le Code pénal. » Toutes ces dispositions ne rassuraient pas, comme on l'a vu, les orateurs dont nous avons rapporté les opinions.

Il n'est donc pas étonnant qu'avec la diffusion des principes du gouvernement parlementaire, la responsabilité pénale des ministres ait perdu de son importance.

Dans le pays classique du gouvernement de cabinet, en Angleterre, on peut dire qu'elle est tombée en désuétude. En France on n'en peut citer qu'une applica-

tion. C'est peu au milieu des tentatives qui ont été faites pour mettre en œuvre cette responsabilité et qui ont
échoué. Nous n'ignorons point qu'à l'heure actuelle on
reparle de la responsabilité pénale des ministres, mais
nous ne savons pas si on entend cette responsabilité au
sens que lui donnaient la charte de 1814 et celle de
1830, et nous sommes bien sûr qu'on ne l'entend pas
au sens que lui attribuait Benjamin Constant.

Cependant la responsabilité pénale des ministres est
toujours inscrite dans les constitutions modernes des
pays qui pratiquent le régime parlementaire.

*
* *

Elle est inscrite, en France, dans la loi constitutionnelle du 16 juillet 1875.

L'article 12, deuxième alinéa, dispose :

« Les ministres peuvent être mis en accusation par
la Chambre des députés pour crime commis dans l'exercice de leurs fonctions. En ce cas, ils sont jugés par le
Sénat. »

Ecartons ou plutôt tranchons tout de suite une question qui ne peut pas faire de doute. Il est bien certain
que le mot *crimes* du texte de l'article 12 est pris dans
un sens large, nous voulons dire qu'il ne comprend pas
seulement les crimes proprement dits, mais aussi les
délits que peuvent commettre les ministres.

Dans une circulaire aux procureurs généraux, M. Be-
noit, ancien directeur des grâces et affaires criminelles
au ministère de la justice, écrivait :

« Il est évident que le mot *crimes* ne doit pas être entendu dans le sens étroit qui lui a été donné pour faciliter la classification des infractions dans le Code d'instruction criminelle, mais il faut le considérer comme un terme générique comprenant tous les faits qui peuvent donner lieu à l'application d'une peine. C'est dans ce sens qu'avaient été interprétés les articles 29 et 44 de la charte de 1830, et l'expression en matière criminelle employée dans ces articles avait été étendue aux infractions punies d'une simple peine correctionnelle. »

Nous arrivons maintenant à une célèbre question, à la question classique du sujet, question toujours controversée : Que faut-il entendre par les mots « crimes commis dans l'exercice de leurs fonctions » ?

Faut-il entendre par ces mots, comme le veulent les uns, même les simples fautes que peuvent commettre les ministres, et laisser par conséquent aux Chambres le pouvoir le plus étendu et pour qualifier le crime et pour édicter la peine ?

Faut-il, au contraire, comme le soutiennent les autres, ne point sortir des principes du droit commun et s'en tenir toujours à l'adage : *nulla pœna sine lege ?*

Nous ne pouvons pas mieux faire que de nous reporter tout de suite à la célèbre discussion, relative au projet de résolution présenté par la commission d'enquête électorale, qui eut lieu à la Chambre des députés le 13 mars 1879 (1). Il s'agissait de la mise en accusation

(1) *Journal officiel* du 14 mars 1879, p. 2202.

des ministères de Broglie et de Rochebouët. C'est la seule fois d'ailleurs qu'on ait tenté sérieusement de mettre en œuvre la responsabilité pénale des ministres, depuis que l'article 12 de la loi constitutionnelle du 16 juillet 1875 existe.

M. Brisson, dans son rapport, disait : « D'après votre commission, la définition la moins étendue qui puisse être donnée de la responsabilité particulière, établie contre les ministres par l'article 12 de la loi du 16 juillet 1875, c'est qu'ils commettent un crime toutes les fois qu'en qualité d'agents de la puissance exécutive, ils commettent une violation de la loi.... »

Mais il ajoutait aussitôt : « Il est en outre incontestable, en principe, que la responsabilité judiciaire d'un ministère se trouve encourue toutes les fois qu'il fait, même en dehors des qualifications de la loi pénale, un abus criminel du pouvoir qui lui est confié. « Un ministre trahit l'État, dit Benjamin Constant, toutes les fois qu'il exerce, au détriment de l'État, son autorité légale. » Telle a toujours été la base principale des accusations pour crime de trahison. »

Ainsi M. Henri Brisson, avec toute l'autorité que lui donnait sa fonction, estimait que l'article 12 laisse au tribunal saisi le soin de qualifier les crimes des ministres et, conséquemment, de choisir la peine.

Cependant le rapporteur, tout en reconnaissant que de graves excès se rencontraient dans l'histoire du 13 mai qui ne tombaient pas sous le coup de la loi pénale , pensait qu'il était « superflu d'insister sur ce point ». Car, disait-il, cette triste période nous présente nombre de faits qui tombent directement sous l'application des lois pénales communes à tous les citoyens.

Et il concluait ainsi :

« Il y a, suivant nous, présomption grave que les mi-
» nistres du 17 mai (ministère de Broglie) se sont ren-
» dus coupables des crimes de trahison et de prévari-
» cation et en fait :

» D'avoir, par une politique inconstitutionnelle, re-
» mis en question l'existence de la République et jeté
» ainsi le pays dans une perturbation profonde ;

» D'avoir suspendu l'empire de la constitution et
» des lois ; de les avoir formellement violées ;

» D'avoir fait un abus criminel du pouvoir qui leur
» était confié, et ce, dans le dessein de fausser les élec-
» tions et de priver les citoyens du libre exercice de
» leurs droits civiques ;

» D'être intervenus dans les élections, par la vio-
» lence, par la promesse et la menace, par dons, fa-
» veurs, distributions de fonctions, décorations, gra-
» des ou plans, par des destitutions de fonctionnaires,
» par des manœuvres de toute sorte, par des procla-
» mations, des ordres, des circulaires, des instructions
» données aux agents du pouvoir, et par de fausses
» nouvelles ;

» D'avoir attenté à la liberté de la presse ;

» D'avoir ordonné divers actes arbitraires ou atten-

» tatoires soit à la constitution, soit à la liberté indivi-
» duelle, soit aux droits civiques des citoyens ;

» D'avoir, par voies de fait ou menaces, empêché les
» citoyens d'exercer leurs droits civiques ; d'avoir, à cet
» effet, concerté un plan pour être exécuté sur tout le
» territoire ;

» D'avoir concerté des mesures contraires aux lois et
» contre l'exécution des lois ;

» D'avoir dans l'intérêt de leurs desseins coupables
» trafiqué des fonctions publiques ou des faveurs, ainsi
» que de tous les attributs et privilèges du pouvoir ;

» D'avoir agréé des promesses pour confier ou retirer
» des fonctions publiques ; d'avoir promis ou donné
» lesdites fonctions pour obtenir tantôt qu'un candidat
» se présente, tantôt qu'il se retire ;

» D'avoir fait remise à des particuliers pour les cor-
» rompre dans un intérêt électoral de taxes légitime-
» ment dues à l'État ;

» D'avoir tenté d'influencer et influencé, par des
» moyens coupables, les magistrats chargés de mettre en
» mouvement l'action publique ou de rendre la justice ;

» D'avoir tantôt pressé, tantôt suspendu, tantôt em-
» pêché l'exécution des lois pénales, suivant les opi-
» nions politiques des coupables, des prévenus ou des
» condamnés ;

» D'avoir détourné et fait détourner des pièces et do-
» cuments appartenant aux administrations publiques ;

» D'avoir fait enlever des papiers dans des dépôts
» publics.

» Crimes commis dans l'exercice de leurs fonctions,
» prévus et punis par l'article 12 de la loi du 16 juillet
» 1875 et par les articles 109, 110, 114, 115, 123, 124,
» 130, 173, 179, 254 et 225 du Code pénal.

» Il y a, en outre, suivant nous, présomption grave que
» les ministres du 17 mai et du 23 novembre (ministère
» Rochebouët) 1877 se sont rendus coupables du crime
» de trahison.

» En formant un complot ayant pour but soit de chan-
» ger, soit de détruire le gouvernement, ledit complot
» suivi d'actes commis ou commencés pour en préparer
» l'exécution, crime prévu et puni par l'article 89 du
» Code pénal ;

» En prenant des mesures contraires aux lois et à
» l'exécution des lois par suite d'un concert pratiqué en-
» tre les dépositaires de l'autorité publique, crime prévu
» et puni par les articles 123 et 124 du Code pénal. »

En conséquence la commission proposait la mise en
accusation des ministères de Broglie et de Rochebouët
devant le Sénat.

Ainsi tout en proclamant le droit à un certain arbitraire en l'espèce, le rapporteur avait soin cependant,
dans ses conclusions, de s'en tenir aux principes généraux, à la règle fondamentale de notre droit criminel,
principes, règle qui se dégagent de la déclaration même
des droits de l'homme et du citoyen : *nulla pœna sine*

(1) Rapport de la commission d'enquête, *Journal officiel* du 27 mars
1879, p. 2556.

lege. Il faisait sortir de la loi pénale l'incrimination de chaque fait reproché aux ministres.

Ce rapport et le projet de résolution qui l'accompagnait furent discutés dans la séance du 13 mars 1879.

A vrai dire, la thèse soutenue par l'honorable M. Henri Brisson, que nous appellerons, pour la facilité de la discussion, la thèse de l'arbitraire, et les conclusions du rapport ne soulevèrent point d'objection dans la Chambre.

Et ceci pour trois raisons, croyons-nous. La première c'est que l'affirmation de l'éminent rapporteur était purement théorique, platonique, puisqu'en réalité, dans l'application, il ne sortait point du droit commun. La deuxième c'est que pas un député n'aurait osé contester les intentions criminelles, coupables, aux termes mêmes du Code pénal, des ministres en cause.

Enfin la troisième, c'est que des préoccupations politiques dominaient uniquement le débat.

« Je viens m'opposer, disait M. Léon Renault, à la mise en accusation devant le Sénat, des membres composant les deux ministères du 17 mai et du 23 novembre. Je tiens à dire de suite que les raisons qui dictent cette opposition et inspireront aujourd'hui mon langage, *sont exclusivement d'ordre politique*. Elles sont prises de mon jugement sur l'état actuel du pays, sur ce qui constitue à mes yeux son intérêt, vrai, certain, indéniable. ...Messieurs, si ce n'est pas par faiblesse pour les hommes du 16 mai, ni par complaisance pour leurs actes que je repousse la mise en accusation, est-ce donc que j'entends discuter l'exactitude, le caractère et la portée juridique des faits qui ont été condamnés dans le rapport de mon honorable collègue et ami, M. Brisson, à l'appui de la demande de mise en accusation? Non, je n'ai point l'intention d'entrer dans cet ordre de discussion ; j'estime que ce dont la Chambre est saisie n'est pas une question juridique, c'est une *question essentiellement politique*.... Pour mettre en accusation, Messieurs, à raison de crimes et de délits confondus avec la politique, avec l'exercice du gouvernement, les membres de deux cabinets, il ne suffit pas qu'il y ait des coupables ou des présumés coupables, il faut encore qu'il y ait un intérêt public certain, impérieux, indéniable, à ce que la répression encourue soit prononcée : car les procès politiques amènent toujours avec eux un grand trouble social auquel un Parlement n'a pas le droit d'exposer légèrement un pays.

» Cet intérêt public, certain, impérieux, il n'existe pas dans cette grande cause ; il n'est pas là pour nous commander, dans des conditions telles que nous ne puissions pas échapper à la nécessité de poursuivre et de frapper.

» Je dis, au contraire, que la nation et le gouvernement de la République auraient gravement à souffrir de ce procès... Songez bien qu'il s'agit ici de ce qu'il y a de plus délicat au monde : de la justice appliquée aux choses politiques... »

Que disait de son côté au nom du gouvernement, qui s'opposait à la mise en accusation, le chef du cabinet ?

« ... Ce n'est pas sur les prémisses, déclarait M. Waddington, que nous différons avec la commission, c'est sur les conclusions, sur les conclusions uniquement.. Quelque légitime que soit la poursuite au point de vue de la justice abstraite, au point de vue du sentiment moral douloureusement froissé, il ne faut pas nous le dissimuler, elle aurait pour résultat infaillible de ramener le trouble dans les esprits, de rouvrir des plaies à peine fermées, de réveiller des haines qui s'apaisent, d'entretenir dans le pays une agitation qu'il est certainement dans l'intérêt de la République de ne pas recommencer... »

Aussi M. Henri Brisson, dans son discours, ne fit-il qu'une allusion très courte à la question de principe qui nous occupe.

« Le rapport en lui-même n'est pas combattu, disait-il ; dans ces conditions la formule du débat est bien simple.

» Entre le 16 mai et le 14 décembre a-t-on conspiré contre la République ?

» Conspirer contre la République sous la République, cela est-il licite ou cela constitue-t-il le crime de trahison ? »

Et il ajoutait :

« Eh bien, Messieurs, conspirer contre la Républi-

que, cela constitue d'abord le crime de trahison, c'est-
à-dire une accusation qui, sans doute, n'a pas sa place
dans le Code pénal, mais duquel toutes les illustrations
de la politique libérale, Benjamin Constant, Clausel de
Coussergues, Labbey de Pompierre, Villemain, et enfin
M. le duc de Broglie le père, ont dit qu'elle était dans
le droit de toute assemblée politique. Oui, ces grands
écrivains et ces grands orateurs ont dit que, dans tout
débat sur une mise en accusation, les assemblées exer-
çaient à la fois, aussi bien la Chambre d'accusation que
la Chambre de jugement, le pouvoir de législateurs et
le pouvoir de juges, qu'elles qualifiaient le crime en
même temps qu'elles édictaient la peine. »

Mais il ne faut pas oublier que l'orateur s'empressait
de déclarer tout de suite :

« Si nous avons rapproché les actes qui leur (les ministres) sont reprochables de certains articles du Code
pénal, nous l'avons fait pour que cette assemblée et
celle qui délibérera, s'il y a lieu, sur le sort des deux
ministères accusés fussent bien assurés de demeurer
dans des *conditions entièrement juridiques.* »

Puis M. Henri Brisson s'efforçait de démontrer que les
ministres du 16 mai aussi bien que ceux du 23 novembre tombaient en effet sous le coup des articles du Code
pénal invoqués dans le rapport.

Enfin M. Charles Floquet se contentait de déclarer
que sur la culpabilité et la criminalité des ministres il
n'avait rien à dire, tout le monde étant d'accord que les

ministres du 16 mai et du 23 novembre avaient été
absolument criminels.

Il n'est donc pas possible de penser que la discussion du 13 mars 1879, devant la Chambre des députés, ait fixé définitivement le sens des mots « crimes commis dans l'exercice de leurs fonctions ».

Cela est si vrai que, dans la séance du 5 juin 1899 (1), devant la Chambre des députés, M. Viviani s'élevait contre ce que nous avons appelé la thèse de l'arbitraire. Il disait :

« On a soutenu, il y a près de vingt ans. que, lorsqu'on était en présence d'un ancien ministre et qu'on avait une accusation à diriger contre lui, on pouvait la diriger sans se préoccuper si par la suite on pourrait donner au fait reproché une qualification légale. Je m'empresse de dire que ce n'est pas notre thèse, car j'estime que c'est surtout dans les moments troublés qu'on dirige des accusations pareilles contre les anciens ministres. Or si on pouvait les traîner devant une commission sans que les faits qui leur sont reprochés puissent revêtir un caractère légal, il y aurait place dans les procès à la colère et non à la justice.

« Ce qu'il faut pour traîner un ancien ministre devant une commission, c'est qu'il y ait présomption d'un crime prévu par le Code pénal... »

La question reste donc entière. Il s'agit encore à

(1) *Journal officiel* du 6 juin 1899, p. 1577.

l'heure actuelle d'interpréter les mots « crimes commis dans l'exercice de leurs fonctions » inscrits dans l'article 12 de la loi constitutionnelle du 16 juillet 1875.

Nous souvenant que les constitutions qui se sont succédé en France depuis cent ans, se relient, comme le disait M. Dufaure, les unes aux autres, nous allons rechercher dans l'histoire parlementaire les précédents que nous pouvons invoquer, avant de donner notre opinion personnelle. C'est en effet dans les discussions devant les Chambres que cette question a été surtout agitée. La littérature sur ce sujet est peu abondante.

.
. .

Il convient tout d'abord de ne point insister trop longtemps sur les constitutions de la révolution, du directoire, du consulat et de l'empire. Dans les débats qui eurent lieu le 6 avril 1791 devant l'Assemblée législative la question qui nous occupe, comme on l'a vu plus haut, ne fut même point posée. Il y eut une tentative pour établir un commencement de responsabilité politique, mais, en fin de compte, la loi du 27 avril 1791 consacra la responsabilité purement pénale des ministres. L'article 29 de cette loi déterminait les faits dont les ministres étaient responsables et l'article 31 disposait : « Les délits des ministres, les réparations et les peines qui pourront être prononcées contre les ministres coupables seront déterminés dans le Code pénal. »

« Sous l'empire de la constitution de l'an III, écrit

M. Esmein (1), la loi du 10 vendémiaire an IV sur l'organisation du ministère posait la même règle dans des termes presque identiques. C'est dans le même sens que d'après le sénatus-consulte du 28 floréal an XII (art. 130). la Haute-Cour impériale, devant laquelle les ministres pouvaient être accusés, ne pouvait *prononcer que des peines portées par le Code pénal.* »

Et le savant professeur ajoute : « C'était enfin le système que la constitution de 1848 appliquait à la responsabilité pénale du président de la République. Il devait s'appliquer aussi à celle des ministres, puisque le principe de l'une et de l'autre responsabilité se trouvait dans la même disposition. »

Nous pensons qu'il ne peut pas être fait état davantage des constitutions ni des lois du second empire, qui emprunta surtout les principes du premier, et qui revint trop tard au gouvernement parlementaire pour en faire un essai concluant.

La controverse qui nous occupe, en effet, ne se comprend qu'en présence d'une constitution qui, tout en proclamant la responsabilité pénale des ministres devant les Chambres, admet pleinement le gouvernement parlementaire, le gouvernement de cabinet. Il est incontestable que la *théorie de l'arbitraire* n'a sa raison d'être, ne peut se soutenir que si l'on se trouve en face de ministres qui ont toute la responsabilité du gouvernement et qui ont, seuls, cette responsabilité.

(1) Esmein, *Eléments de droit constitutionnel,* p. 627.

Or on peut dire que le gouvernement parlementaire s'est introduit en France avec la charte de 1814, et qu'il a acquis son plein développement sous la Monarchie de juillet, avec la charte de 1830.

Il est bien certain que la charte de 1814, pas plus que la charte de 1830, n'établissait point expressément la responsabilité politique des ministres, ni leur responsabilité solidaire, elle n'établissait que leur responsabilité pénale. Pourtant, on ne pouvait point s'y tromper. En fait, le gouvernement de cabinet fonctionna dès le règne du roi Louis XVIII, en France, et la révolution de juillet fut son triomphe (1).

*
* *

La charte de 1814 disposait :

Art. 13. — La personne du roi est inviolable et sacrée. Les ministres sont responsables.

Art. 55. — La Chambre des députés a le droit d'accuser les ministres et de les traduire devant la Chambre des Pairs, qui seule a celui de les juger.

Art. 56. — Ils ne peuvent être accusés que pour fait de trahison ou de concussion. Des lois particulières spécifieront cette nature des délits et en détermineront la poursuite.

Ces lois particulières, il faut le dire tout de suite, n'ont jamais vu le jour, mais elles ont été l'objet de pro-

(1) Esmein, *Eléments de droit constitutionnel*, p. 125 et suiv.

positions et de discussions intéressantes devant les Chambres.

Avant tout, il importe d'étudier l'opinion de Benjamin Constant. Aussi bien il est le premier en date qui se soit occupé de la question qui nous intéresse et son autorité est grande en la matière : jamais les partisans de l'arbitraire n'ont manqué de le citer.

Et pourtant il est, à notre avis, celui dont l'opinion doit avoir peut-être le moins de poids, en présence des termes de l'article 12 de la loi du 16 juillet 1875, et des précédents de l'histoire.

Qu'est-ce que Benjamin Constant entend en effet par ces mots : la responsabilité pénale des ministres (1) ?

« Les actes illégaux ou arbitraires dont les ministres peuvent se rendre coupables, dit-il, ne sont point compris dans la sphère de la responsabilité. Ces actes sont des délits privés, et doivent être jugés par les mêmes tribunaux et suivant les mêmes formes que les délits de tous les individus. La responsabilité ne porte que sur le mauvais usage d'un pouvoir légal. Ainsi une guerre injuste ou une guerre mal dirigée, un traité de paix, dont les sacrifices n'auraient pas été commandés impérieusement par les circonstances, de mauvaises opérations de finances, l'introduction de formes défectueuses ou dangereuses dans l'administration de la justice, enfin tout emploi de pouvoir, qui, bien que autorisé par

____

(1) Benjamin Constant, *De la responsabilité des ministres.*

la loi, serait funeste à la nation ou vexatoire pour les citoyens, sans être exigé par l'intérêt public ; tels sont les objets sur lesquels la responsabilité étend son empire.

» On voit par cette définition abrégée combien sera toujours illusoire toute tentative de rédiger sur la responsabilité, une loi précise et détaillée, comme doivent l'être les lois criminelles.

» Il y a mille manières d'entreprendre injustement ou inutilement une guerre, de diriger avec trop de précipitation, ou trop de lenteur, ou trop de négligence, la guerre entreprise.... Si chacune de ces manières de nuire à l'État devait être indiquée et spécifiée par une loi, le code de la responsabilité deviendrait un traité d'histoire et de politique, et encore ses dispositions n'atteindraient que le passé. Les ministres trouveraient facilement de nouveaux moyens de les éluder pour l'avenir. »

Il ne faut pas oublier que Benjamin Constant parle sur la constitution de 1814. C'est un commentaire qu'il fait. Et pour le faire, il s'inspire de ce qu'il croit être les principes essentiels du gouvernement parlementaire. Or le gouvernement anglais était le modèle vers lequel tous les hommes libéraux avaient les yeux tournés. Benjamin Constant ne manque pas d'invoquer l'exemple du gouvernement de l'Angleterre. Il y voyait, quant à l'objet qui nous occupe, l'arbitraire le plus absolu sous la forme du *bill of attainder*. Il y constatait aussi la responsabilité de tous les agents du pouvoir devant les tribunaux de droit commun. Il n'est donc pas étonnant qu'il en ait conclu que la loi sur la Responsabilité, dans la charte, était une loi purement politique, bien mieux peut-être encore, qu'une loi sur la Responsabilité des ministres, dans un gouvernement libéral, dans un gouvernement parlementaire, ne pouvait être qu'une loi politique : les ministres restent responsables devant les tribunaux ordinaires des crimes, des délits et des contraventions qu'ils peuvent commettre ; devant le Parlement, ils ne sont responsables que de leurs fautes ou de leurs erreurs politiques.

Alors, nous rappelant que Benjamin Constant commente les articles 55 et 56 de la charte (*trahison*, concussion), nous nous expliquons qu'il écrive :

« Un ministre *trahit* l'État toutes les fois qu'il exerce au détriment de l'État son autorité légale. »

Mais il ne faut pas séparer cette phrase de tout le reste qui la précède et qui l'explique, et ne pas oublier non plus qu'elle est un commentaire de l'article 56. En somme ce que Benjamin Constant établit, c'est ce que nous appelons la responsabilité politique des ministres. Elle se dégageait assez mal à ce moment des principes du gouvernement parlementaire, ou plutôt elle n'apparaissait point comme nous la comprenons et comme nous la pratiquons aujourd'hui. Même en Angleterre la coutume ne l'avait pas établie dans la forme définitive qu'elle a aujourd'hui.

Benjamin Constant croyait, pensait que la seule loi de la majorité, dont il prévoyait l'importance pour plus tard, après un long temps d'éducation parlementaire, ne suffirait pas quelquefois pour renverser un ministère. Cependant il était indispensable qu'un parlement eût le moyen infaillible de se débarrasser d'un ministère incapable, et ce moyen il le trouvait dans les articles 55 et 56 de la charte, qui d'ailleurs était muette, comme on sait, sur la responsabilité purement politique, telle que nous la concevons aujourd'hui. Ces articles 55 et 56 c'était l'arme puissante dont disposait la Chambre pour rester maîtresse de diriger les affaires politiques'étroitement unies aux intérêts matériels du pays.

Cette Responsabilité avec un R comme l'écrit toujours Benjamin Constant, se distingue donc absolument de la responsabilité pénale. Elle est politique et pénale tout en même temps, mais certainement beaucoup plus politique que pénale, à but essentiellement politique. Point besoin de se préoccuper ici des principes du droit commun. Nous sommes en présence d'une matière spéciale, qui a ses principes spéciaux. N'allons donc point parler d'arbitraire :

«... Cet arbitraire, écrit le célèbre publiciste, est dans l'essence de la chose même. On verra que ses inconvénients sont adoucis par la solennité des formes, le caractère auguste des juges et la modération des peines. Ici le principe doit être posé : et je pense qu'il vaut toujours mieux avouer en théorie ce qui ne peut être évité dans la pratique.

» Un ministre peut faire tant de mal sans s'écarter de la lettre d'aucune loi positive, que si vous ne préparez pas des moyens constitutionnels de réprimer ce mal et de punir ou d'éloigner le coupable (car je maintiens qu'il s'agit beaucoup plus d'enlever le pouvoir aux ministres prévaricateurs que de les punir), la nécessité fera trouver ce moyen hors de la constitution même... Si en ne dirigeant contre les ministres que des lois précises, qui n'atteignent jamais *l'ensemble de leurs actes* et *la tendance de leur administration*, vous les dérobez de fait à toutes les lois, on ne les jugera plus d'après vos dispositions minutieuses et inapplicables, on sévira contre eux d'après les inquiétudes qu'ils auront causées, le mal qu'ils auront fait et le degré de ressentiment qui en sera la suite. »

Qu'est-ce donc que *l'ensemble des actes* et *la tendance de l'administration* d'un ministère, sinon la politique de ce ministère ? Mais cet ensemble et cette tendance c'est ce que jugent politiquement les Chambres, aujourd'hui, quand elles discutent une interpellation sur la politique générale du cabinet. Il est vrai que *l'interpellation* est encore une des pratiques relativement récentes du parlementarisme. Benjamin Constant n'y pensait point puisque dans la Responsabilité il voyait un moyen pour les ministres de défendre leurs actes et de les faire juger. Une Chambre ne peut pas se contenter de nos jours, pour faire tomber les ministres, de déclarer qu'ils ont perdu sa confiance. Le ministre ou le ministère interpellé se défend, un débat s'engage, et le débat épuisé, un jugement intervient, sous la forme d'un ordre du jour. Si le ministre ou le ministère n'a plus la confiance de la Chambre, l'ordre du jour que la majorité vote contre lui peut non seulement lui indiquer qu'il a perdu cette confiance, mais il peut encore être rédigé en termes sévères. Dans tous les cas le but que Benjamin Constant vise surtout par la Responsabilité, la perte du pouvoir, est atteint. *Les plus grands problèmes politiques* restent de la compétence exclusive du Parlement et *les intérêts à la fois les plus vastes et les plus secrets de la nation* demeurent sous sa sauvegarde. Le célèbre publiciste ne demandait pas davantage.

Arrivé à ce point de notre discussion on pourrait même hésiter à soutenir que la responsabilité en question fût une responsabilité politique et pénale tout ensemble, comme nous l'avons dit plus haut. Cependant il faut convenir que Benjamin Constant ne l'envisage point, en un endroit de son opuscule, comme sans peines possibles :

« La nature de la loi sur la responsabilité, dit-il, implique la nécessité d'investir les juges du droit d'appliquer et même de choisir la peine... La seule conscience des Pairs est juge de ces nuances et cette conscience doit pouvoir prononcer en liberté sur le châtiment comme sur le crime. La loi doit tout au plus déterminer

entre quelles peines la Chambre des Pair. aura le droit
de choisir. Trois seulement sont admissibles : la mort,
l'exil et la détention. »

Puis il s'empresse d'ajouter pour bien marquer le
caractère spécial de ces peines, pour bien les différen-
cier des peines habituelles :

« Elles ne doivent être accompagnées d'aucune circonstance aggravante, aucune idée d'opprobre ne doit
s'y attacher. »

Mais ceci n'est point encore suffisant. L'auteur ne
veut pas qu'on puisse se méprendre sur sa pensée, sur
le sens qu'il entend donner à la Responsabilité.

« Les ministres, dit-il plus loin, seront souvent dé-
noncés, accusés quelquefois, condamnés rarement,
punis presque jamais.... La responsabilité me semble
devoir atteindre surtout deux buts : celui d'enlever la
puissance aux ministres coupables, et celui d'entretenir
dans la nation, par la vigilance de ses représentants, par
la publicité de leurs débats, et par l'exercice de la liberté
de la presse, appliquée à l'analyse de tous les actes ministériels, un esprit d'examen, un intérêt habituel au
maintien de la constitution de l'État, une participation
constante aux affaires, en un mot un sentiment animé
de vie politique. »

Ainsi, et pour nous résumer sur ce point, reconnaissons que s'il n'est pas permis d'enlever l'épithète de
« pénale » à la responsabilité dont parle l'auteur, cette
responsabilité n'est point du tout comparable à la res-

ponsabilité pénale édictée dans la loi constitutionnelle du 16 juillet 1875. Il est indubitable qu'elle se rapproche plutôt de ce que nous appelons aujourd'hui la responsabilité politique. Dans un pays où le régime parlementaire, où le gouvernement de cabinet a pris tout son développement, on ne conçoit pas l'hypothèse d'une Chambre des députés qui mettrait en accusation un ministère dans le dessein unique de le faire tomber du pouvoir. Toujours une pareille initiative aura pour but une peine afflictive, et il ne serait pas juste non plus de penser que toute idée d'opprobre sera éloignée de cette peine.

Enfin, il est incontestable que la mise en accusation des ministres peut être la conséquence *d'actes illégaux et arbitraires* commis par eux. Ceci est hors de doute, et, en fait, les ministres de Charles X, les seuls contre qui l'appareil compliqué de la responsabilité pénale dans un régime parlementaire ait été mis en œuvre jusqu'au bout, ont vu qualifier et déterminer nettement leurs actes coupables par certains articles du Code pénal. Rappelons aussi ce que nous disions plus haut, à propos du projet de résolution que M. Henri Brisson soumettait à la Chambre, dans la séance du 13 mars 1879.

Allons même plus loin et convenons que la controverse ne peut plus s'agiter que sur cette question : la responsabilité pénale peut-elle porter sur le mauvais usage d'un pouvoir légal ?

Dans les discussions parlementaires que nous allons maintenant examiner, et qui forment la jurisprudence de la question, on remarquera que si certains orateurs invoquent la grande autorité de Benjamin Constant, aucun d'eux ne développe la série de ses arguments. Pas un instant on ne met en doute que la responsabilité pénale ne porte sur les actes illégaux et arbitraires des ministres. Tout le débat va rouler sur cette question. En dehors des actes illégaux et arbitraires qu'ils sont dans la possibilité de commettre, les ministres, en vertu de leur responsabilité pénale, peuvent-ils être encore mis en accusation par la Chambre des députés et jugés par la Chambre haute pour leurs fautes graves, l'une et l'autre Chambre ayant un pouvoir d'appréciation absolu, un pouvoir souverain, arbitraire pour qualifier la faute, le crime, et pour prononcer la peine ?

Nous rencontrons d'abord l'opinion du député Sédillez, que ne manque point de rapporter Benjamin Constant.

« Dans cette mission constitutionnelle (celle d'accuser les ministres et de prononcer sur l'accusation) il est bien important, dit-il, de ne pas voir dans les deux Chambres des tribunaux ou des juges. Elles sont des jurys suprêmes, qui ne peuvent remplir dignement leur attribution qu'autant qu'ils seront libres de toutes entraves législatives et ne reconnaîtront pour règle de leur conduite et de leur décision que leur intelligence et leur conscience. »

Cependant dès l'année 1814, l'année même où la charte venait d'être octroyée, le député Farez proposa une loi sur la responsabilité des ministres pour réaliser la promesse que contenait l'article 56 de la charte. Il lui semblait, en effet, que la responsabilité serait une fiction tant que la loi promise par l'article 56 n'aurait pas été votée. Nous sommes loin, on le voit.de la théorie de l'arbitraire :

« Il est nécessaire, dit-il devant la Chambre des députés dans la séance du 26 août 1814 (1), de faire définir par la puissance législative ce que la charte entend par *trahison* et *concussion* commises par un ministre ; de déterminer les peines qui y seront applicables, et enfin le mode des poursuites à diriger contre les ministres inculpés et accusés. »

Il semble bien que Farez, comme Benjamin Constant, et pour les mêmes raisons sans doute, pense que le but principal à atteindre par la Responsabilité c'est le moyen d'enlever le pouvoir aux mauvais ministres :

« Il ne s'agit donc plus, ajoute-t-il, en laissant au mot trahison sa signification naturelle, que de la développer suivant l'esprit de la Charte ; et c'est ce même esprit qui doit présider encore à la définition de la concussion, en puisant dans nos lois pénales les explications les plus simples.

» Loin d'ajouter à la rigueur de ces lois pénales contre les ministres qui prévariqueraient, vous penserez sans

____

(1) *Moniteur universel*, n° 241, 29 août 1814, p. 968.

doute, Messieurs, que le châtiment de ces illustres coupables sera toujours assez sévère, quand, accusés par les représentants du peuple, ils seront déchus des honneurs et de la haute confiance dont ils étaient revêtus, et condamnés par les pairs de la nation. »

Cependant on ne peut pas dire qu'il enlevait toute idée d'opprobre à la condamnation, et, dans son projet de loi, il avait soin de déterminer une peine pour chaque inculpation.

Il est intéressant de connaître ce projet de loi. Il est le premier d'une série qui commence et qui n'a jamais pu s'achever. Il s'inspire moins de l'esprit de la charte, qui n'était qu'une charte octroyée, l'œuvre du pouvoir royal, par conséquent suspecte, que des principes du libéralisme. Il ne laisse rien à l'arbitraire, il définit tout. Nous n'allons donner, bien entendu, que les articles qui visent l'objet de cette thèse :

PROJET DE LOI.

. . . .

ART. 2. — Les ministres sont responsables des trahisons, attentats, prévarications, concussions et abus de pouvoir par eux soumis dans l'exercice de leurs fonctions.

. . . .

ART. 4. — Un ministre se rend coupable de trahison, 1º lorsqu'il fait ou ordonne quelque acte contre la sûreté intérieure ou extérieure de l'État, contre le roi et la famille royale, et contre la charte constitutionnelle.

2° Lorsqu'il signe un traité de paix, d'alliance, de commerce, ou tout autre traité contraire aux intérêts ou à l'honneur du peuple français ;

3° Lorsqu'il contresigne un acte de l'autorité royale qui ne devrait émaner que du concours des trois branches de l'autorité législative, ou qu'il ordonne l'exécution de cet acte inconstitutionnel et surpris à la signature du roi.

4° Lorsqu'il fait ou ordonne quelque acte arbitraire et attentatoire à la liberté individuelle, à la liberté des cultes, à la liberté de la presse, aux autres droits publics des Français et à l'irrévocabilité de la vente des domaines nationaux.

5° Enfin lorsqu'il fait ou ordonne quelque acte tendant au rétablissement du régime féodal, de la dîme, ou à l'établissement de tout autre gouvernement que celui qui existe dans la famille des Bourbons.

Art. 5. — La trahison commise par un ministre contre l'État, contre le Roi et sa famille, si ce crime a eu quelque effet, emportera la peine capitale.

Si la trahison n'a point eu d'effet, le coupable sera déporté.

Art. 6. — La trahison contre la charte et contre les droits publics des Français, prévue par les numéros 2, 3, 4 et par les deux premiers cas exprimés au n° 5 de l'article 4, sera punie du bannissement.

Art. 7. — Un ministre se rend coupable de concussion : 1° lorsqu'il exige, ordonne ou autorise des perceptions des droits, taxes, contributions qui ne sont pas établis par la loi ;

2° Lorsqu'il attente aux propriétés publiques ou particulières, ou qu'il dissipe des deniers destinés aux dépenses de l'État ;

3° Lorsqu'il agrée des offres ou promesses, ou qu'il reçoit des dons ou présents pour faire un acte de son ministère.

Art. 8. — Tout ministre coupable de concussion sera puni du bannissement, sans préjudice des dommages et intérêts envers l'État ou la partie lésée.

Art. 9. — Les prévarications ou abus de pouvoir, non prévus par les articles 4 et 7, ne donnent lieu qu'à l'action civile. Cette action ne peut être exercée qu'après avoir été soumise à l'examen d'un conseil de conciliation composé d'un président nommé par le roi, de trois pairs de France et de trois députés, choisis par leur Chambre respective à la fin de la session.

Art. 10. — Si les parties ne se concilient pas sur cette action et si le conseil estime qu'elle est fondée, il autorisera le réclamant à la porter directement à la Cour de cassation qui y statuera, chambres assemblées, ou qui déléguera une cour royale siégeant hors du lieu où le ministre exerce ses fonctions, pour y statuer également, chambres réunies.

Art. 11. — . . . .

Cette proposition de loi fut prise en considération par

la Chambre qui en ordonna l'impression et le renvoi aux bureaux. La procédure parlementaire n'alla pas plus loin.

Ainsi le premier monument que nous puissions invoquer est une tentative faite pour codifier en quelque sorte les crimes prévus des ministres. Loin de rien laisser à l'arbitraire, mais pensant bien qu'il peut n'avoir pas tout défini, Farez, dans l'article 9 du projet, proclame qu'aucune poursuite criminelle, pénale, ne pourra être intentée en raison des prévarications ou abus de pouvoir non prévus. L'action civile dans ce cas, demeure seule ouverte, et, encore ne voyez-vous pas de quelles précautions il l'entoure ! Ces constatations faites, souvenons-nous que la Chambre accueillit favorablement ce projet.

Le 3 février 1817 (1) le ministre de la justice Pasquier déposa sur le bureau de la Chambre un nouveau projet de loi sur la responsabilité des ministres. Il fit précéder ce dépôt d'un discours qui serait à citer tout entier.

Il envisage d'abord la Responsabilité dont parle la charte de 1814. Et il dit :

« Ce serait s'abandonner à une notion commune mais fausse que de considérer la responsabilité des ministres comme n'étant réelle qu'autant qu'elle peut donner lieu à une accusation juridique. Ce serait mal connaître la

____

(1) *Moniteur universel*, n° 36, 5 février 1817, p. 142.

nature du gouvernement représentatif et en envisager les garanties sous un point de vue trop étroit.

« Pour bien comprendre et bien juger ces garanties, il faut s'élever à des considérations plus hautes, et d'abord on doit distinguer la responsabilité générale du gouvernement de la responsabilité personnelle et juridique de chaque ministre. La première de ces responsabilités, nous ne craignons pas de le dire, est bien autrement importante et n'est pas moins réelle que l'autre. Elle existe par cela seul que le gouvernement est obligé d'obtenir pour ses actes principaux, pour les actes sans lesquels il serait réduit à l'inaction et à l'impuissance, l'assentiment des deux Chambres. Elle est réelle et efficace à cause de la discussion publique à laquelle ces actes sont soumis, avant d'obtenir cet assentiment. Cette discussion doit être considérée comme une véritable instruction nationale sur toutes les grandes mesures du gouvernement. »

Ainsi Pasquier, parlant de la responsabilité édictée par la charte, élargissait le sens des termes de celle-ci. Il établissait nettement la responsabilité politique à côté de la responsabilité pénale, et pour le faire, il invoquait moins la lettre et l'esprit de la charte, que les principes du gouvernement représentatif : il faisait à la tribune de la Chambre la théorie du gouvernement de cabinet. Nous sommes déjà loin de Benjamin Constant. Aussi, allons-nous arriver à d'autres conclusions que celles du célèbre publiciste. Pasquier, qui estime que le

régime parlementaire s'est implanté en France, et qui
sent bien toute la nécessité de se conformer à ses principes, ne manque pas de donner les raisons de l'importance prépondérante de ce qu'il appelle la responsabilité générale du gouvernement, de ce que nous
appelons, nous, la responsabilité politique. Cette responsabilité suit le ministre partout, tout le temps, et elle ne
présente pas les dangers d'une responsabilité pénale
illimitée, qui ne peut qu'arrêter toute initiative. Suivons
l'orateur.

« A cette garantie contre les erreurs et les excès du
pouvoir (la responsabilité politique), la plus puissante
et la plus efficace, la charte en a ajouté une seconde,
nécessaire sans doute, mais bien faible, nous ne craignons pas de le dire, si on la compare à la première….
L'une constitue l'essence même de nos institutions, en
est la conséquence la plus grave et n'a que des avanta-
ges ; l'autre n'en est que le résultat indirect et peut entraîner quelques dangers. »

On concevrait le gouvernement représentatif sans la
dernière, mais pas sans la première, déclare Pasquier :

« La première, dit-il, compagne inséparable du pouvoir, ne saurait être définie, ni restreinte par des lois
et demeure entièrement dans l'ordre politique, quoiqu'elle ne puisse trouver place dans le domaine de la
jurisprudence ; tandis que la seconde, plus bornée de
sa nature, et spécialement attachée à certains actes, a
besoin d'être caractérisée et réglée par des lois qui dé-

terminent dans quel cas et d'après quelles formes les ministres doivent la subir... Ce qui importe à l'État, ce n'est pas tant que tous les mauvais ministres soient jugés et punis, c'est qu'ils ne puissent demeurer ministres. Or c'est à quoi pourvoit le système représentatif, sans lois spéciales sur la responsabilité et par la seule énergie de sa propre nature... Une loi spéciale sur la responsabilité des ministres doit se borner à désigner en termes généraux ces grands crimes pour lesquels il importe à l'État que les ministres soient effectivement condamnés et punis. »

La responsabilité pénale n'est donc là que pour satisfaire, dans certains cas, le sentiment de la justice nationale. Il n'y a plus besoin alors que cette responsabilité soit illimitée ; il n'y a même plus de raisons pour qu'elle soit illimitée et l'opprobre doit s'attacher aux sentences qu'elle entraîne. Il faut la définir, en termes larges sans doute, mais enfin il faut la définir, et ne laisser aux juges que le pouvoir d'appréciation qu'ont tous les juges, en matière criminelle, quand ils décident si le fait qui leur est soumis rentre bien dans une des qualifications du Code pénal.

La charte prévoit les crimes de trahison et de concussion, il faut donc définir ces deux crimes. L'opinion de Pasquier n'est pas douteuse. Il a vu du premier coup le principe qu'il importait de consacrer avec toutes ses conséquences pour la sauvegarde du gouvernement parlementaire, et il a proclamé la responsabilité politi-

que des ministres. Quant à la responsabilité pénale, il
établit bien qu'elle n'est pas nécessairement, comme
l'autre, la conséquence d'un semblable régime. Au
nom du gouvernement représentatif, on ne peut donc
pas raisonnablement prétendre lui appliquer des principes spéciaux. Elle demeure dans la sphère du droit
commun. Tout ce qu'on peut faire, c'est d'ajouter aux
articles du Code pénal un ou deux articles pour définir
certains crimes, que les ministres peuvent seuls commettre. Mais en dehors des crimes prévus et définis, il
ne peut plus être question que de responsabilité politique. Le projet de loi de Pasquier, comme tous ceux qui
vont le suivre d'ailleurs, ne sortit point des fameux cartons du Parlement et dans la séance du 28 janvier
1819 (1), M. de Serre, au nom du gouvernement, ap-
porta un autre projet de loi sur la responsabilité des
ministres. Ce projet de loi ne s'occupait que des formes
de la procédure et de la détermination des peines.
C'était là d'ailleurs, d'après M. de Serre, le seul objet
que dût et que pût régler la loi sur la responsabilité des
ministres.

M. de Serre, dans un discours auquel il ne fut pas
répondu, soutint la thèse de *l'arbitraire*. Il constate
d'abord l'impossibilité de définir et il ajoute :

« C'est ici, Messieurs, que la force de la raison nous
commande de nous en remettre à une juridiction d'é-

____

(1) *Moniteur universel*, n° 29, 29 janvier 1819, p. 113.

quité, et que l'intérêt de la justice même réclame l'intervention de l'arbitraire..... Quelle nécessité de prévenir par une loi une sorte d'arbitraire qui sera remis à des jurés législateurs ?... »

Au lendemain de l'assassinat du duc de Berry, Clausel de Coussergues proposait à la Chambre de mettre en accusation le ministre de l'intérieur, le duc Decazes (1).

« Messieurs, disait-il, il n'y a point de loi qui fixe le mode d'accusation des ministres... Mais il est de la nature d'une telle délibération qu'elle ait lieu en séance publique, et à la face de la France. Je propose à la Chambre de porter un acte d'accusation contre M. Decazes, ministre de l'intérieur, comme complice de l'assassinat de Mgr le duc de Berry, et je demande à développer ma proposition... »

Or la complicité du duc Decazes était, dans la pensée de l'accusateur, surtout morale. Dans la même séance le comte de Labourdonnaye s'écriait :

«... A la vue d'un attentat aussi déplorable la première pensée d'un corps politique doit donc être de détruire dans son germe un fanatisme qui conduit à un résultat si funeste, parce que ce n'est qu'en enchaînant de nouveau l'esprit révolutionnaire qu'un bras de fer avait longtemps comprimé, parce que ce n'est qu'en sévissant contre les écrivains téméraires, enhardis par l'impunité, que vous arrêterez les productions scanda-

____

(1) *Moniteur universel*, n° 46, 15 février 1820, p. 185.

leuses et coupables qui échauffent toutes les têtes, fomentent des révolutions nouvelles, et excitent aux crimes les plus odieux. »

C'était déjà l'invocation, devenue classique depuis, à la responsabilité de la presse, à la responsabilité du livre, à la responsabilité en un mot de la liberté d'écrire. Le général Foy ne s'y trompait point. « Les amis de la liberté, disait-il, savent bien qu'on se prévaudra de cet affreux attentat pour chercher à détruire les libertés qui nous ont été données. »

Toujours est-il que cette complicité morale, cette complicité qu'on voulait établir en accusant le ministre d'avoir manqué de vigilance et de fermeté, ne pouvait être incriminée que si l'on admettait le pouvoir arbitraire, illimité, souverain du Parlement comme juge, en matière de responsabilité pénale des ministres. C'est donc encore la thèse de l'arbitraire que soutient Clausel de Coussergues. Il est bon d'ajouter que le fougueux député retira par lettre sa demande de mise en accusation lorsque, peu de temps après, le. duc Decazes tomba du pouvoir. On en peut, à la rigueur, conclure que, comme Benjamin Constant, Clausel de Coussergues ne mettait en cause la responsabilité du ministre que pour l'éloigner des affaires, du gouvernement. Nous disons à la rigueur, parce qu'il peut paraître difficile en effet, quand on lit le livre (1) qu'il écrivit sur ce sujet, de pen-

(1 Clausel de Coussergues, *Proposition d'accusation contre M. le duc Decazes* (1820).

ser que le député légitimiste se fût contenté de cette
solution, s'il avait réussi à faire voter la mise en accusation.

Nous arrivons ainsi à la séance du 14 juin 1828 (1).
Labbey de Pompierre demande à la Chambre de décré-
ter d'accusation le ministère de Villèle. Avant tout l'o-
rateur déclare qu'il importe de préciser la question de
la responsabilité ministérielle et de fixer l'état de notre
législation à cet égard.

Il rappelle le projet de loi déposé sur le bureau de la
Chambre par le garde des sceaux Pasquier dans la séance
du 3 février 1817, et celui déposé par M. de Serre dans la
séance du 28 janvier 1819. La question qu'il veut dégager n'a point trait précisément à celle qui nous occupe.
Il entend établir en effet que, malgré l'absence de la loi
promise par l'article 56 de la Charte, la responsabilité
pénale ne doit pas être un leurre. Car il s'agit bien ici
de responsabilité pénale proprement dite : le ministère
attaqué ne dirige plus les affaires, il est tombé du pouvoir. La sanction recherchée ne peut donc être qu'une
peine. On sent bien tout de même que Labbey de Pompierre est partisan de l'arbitraire. Il n'oublie pas de
rappeler l'opinion que le vague de la loi est préférable
à la spécification des cas de responsabilité et met les
ministres dans une position d'autant plus dangereuse
qu'ils ne connaissent pas les bornes de cette responsa-

____

(1) *Moniteur universel*, n° 167, 15 juin 1828, p. 858.

bilité. Mais ce qu'il se demande surtout c'est s'il y a une impossibilité radicale à mettre des ministres en accusation parce que des lois secondaires ne sont pas venues définir les crimes de trahison et de concussion.

« Une telle conclusion ne serait pas seulement absurde, dit-il, elle serait désastreuse, elle porterait l'illégitimité avec elle ; car la première conséquence à en tirer serait que la responsabilité ministérielle n'aurait pas existé jusqu'à ce jour. Or, le gouvernement représentatif n'existe qu'à la condition de cette garantie, condition reconnue nécessaire par tous les publicistes, prescrite par la charte et acceptée par les ministres.

« Proclamer aujourd'hui qu'il n'y a pas de possibilité légale de mettre un ministère en jugement, ce serait proclamer que rien depuis treize ans n'a été fait conformément à la constitution du pays et les citoyens resteraient dans leurs droits s'ils refusaient de payer des impôts à des ministres irresponsables ! »

Ne voyez-vous pas, et il est bon de le faire remarquer en passant, que Labbey de Pompierre ne distingue pas comme Pasquier la responsabilité politique des ministres de leur responsabilité pénale. Il les réunit, il les confond toutes deux en une seule, il en revient à la responsabilité de Benjamin Constant, à la responsabilité suivant les termes stricts de la Charte. Il ne considère point d'ailleurs que les crimes de trahison et de concussion n'ont été définis nulle part. Il cite, en dehors des deux projets de loi dont nous avons parlé et des commentaires qui les accompagnent, le projet de loi présenté par le député Farez à la Chambre des députés, dans la séance du 26 août 1814. Labbey de Pompierre, en apparence tout au moins, ne s'en remet donc point à un arbitraire absolu, il invoque une sorte de jurisprudence, certaines définitions.

Cependant, répétons-le, son sentiment n'est pas douteux. Il l'affirmera encore plus nettement, si c'est possible, devant la Chambre des députés, dans la séance du 27 septembre 1830, quand sera discuté le rapport de la commission parlementaire qui proposait la mise en accusation des ministres de Charles X.

Pour l'instant, Labbey de Pompierre déposait un projet de résolution ainsi conçu :

1° J'accuse les anciens ministres de trahison envers le roi, qu'ils ont isolé du peuple, et de trahison envers le peuple, qu'il ont privé de la confiance du roi.

2° Je les accuse, en outre, de trahison pour avoir attenté à la constitution du pays et aux droits particuliers des citoyens.

3° Je les accuse de concussion pour avoir perçu des taxes non votées et dissipé les deniers de l'Etat.

Dans le débat qui s'engagea, les orateurs qui répondirent à Labbey de Pompierre n'abordèrent point la question de principe que celui-ci, en somme, avait résolue par l'arbitraire. La discussion porta sur la forme seulement de la rédaction du projet. On en trouvait les termes trop absolus. On l'amena à les modifier. Aux

mots : « Le roi qu'ils ont isolé du peuple », il substitua
ceux-ci : « tenté d'isoler ». A la place des mots : « Le
peuple qu'ils ont privé de la confiance du roi », il mit
ceux-ci : « tenté de priver ».

Malgré les efforts de la droite qui voulait faire voter
sur la première rédaction, pour que la forme emportât
le fond, malgré l'intervention de M. de Montbel qui demandait à la Chambre de décider que, *vu l'inconve-
nance des termes*, il n'y avait pas lieu à délibérer, la
Chambre cependant ordonna le renvoi immédiat dans
les bureaux de la nouvelle rédaction. Puis, à la suite de
l'examen dans les bureaux, la Chambre, en séance publique, à la presque unanimité, prit la proposition en
considération. On en resta là pendant tout le cours de
la session. La proposition fut reprise plus tard par
M. Eugène Salverte Elle fut écartée par la question
préalable ; Dupin l'avait combattue : il ne la jugeait ni
politique, ni nécessaire, ni opportune. Elle fut retirée
par Labbey de Pompierre lui-même, sur les instances
de son parti (1).

Et nous voilà maintenant en présence du ministère
Polignac, des ministres signataires des ordonnances de
juillet, du seul procès auquel ait donné lieu, dans la
forme prévue par la constitution, la responsabilité pénale des ministres.

(1) *Mémoires de M. Dupin*, t. II, p. 53 et suiv.

On peut dire qu'il a fallu une révolution pour arriver à ce résultat. Rien ne témoigne mieux de la difficulté et du danger d'une pareille procédure. En 1830, on ne pouvait point transiger. Les journées de juillet avaient été des journées sanglantes. La révolution victorieuse exigeait le châtiment des ministres. Le peuple n'entendait point qu'on passât l'éponge, comme on dit aujourd'hui. La foule qui battait les murs du Luxembourg eut un cri de rage quand elle apprit que Polignac n'était point condamné à mort. Pour éviter les représailles du peuple, il fut nécessaire que le jeune ministre de l'intérieur du cabinet Laffitte, M. de Montalivet, eût recours à la ruse et enlevât les accusés avant que le jugement fût rendu (1).

Le 6 août 1830 M. de Salverte prit l'initiative de la demande de mise en accusation, qu'il développa dans la séance du 13 août (2). Il était indispensable de commencer la procédure par une grande enquête :

« Vous penserez, Messieurs, disait M. de Salverte, que le pacte social, en vous conférant la faculté d'accuser, vous confère aussi les pouvoirs accordés aux autorités investies de la même faculté et sans lesquels cette faculté serait illusoire. »

(1) Thureau-Dangin, *Histoire de la monarchie de juillet*, t. I, p. 132 et suiv.

(2) *Moniteur universel*, n° 226, 14 août 1830, p 901.

Il ajoutait :

« Le rapport au roi et les ordonnances du 25 juillet
sont présents à tous les esprits. Je dois observer que les
ordonnances étant des conséquences du rapport signé
par le ministère entier, elles sont comme le rapport
l'ouvrage du ministère et engagent solidairement sa
responsabilité. »

Enfin l'orateur parlant du langage inconstitutionnel
du ministère, des élections dominées par les menaces
et la corruption, de la morale publique faussée par les
pratiques gouvernementales, terminait ainsi :

« Aux termes mêmes de la charte, telle qu'elle a
existé jusqu'à la fin de 1830, si de tels actes ne constituent pas le crime de haute trahison, la responsabilité
est un rêve, la loi une fiction, la justice un mot. Voici
le texte de ma proposition :

« La Chambre des députés accuse de haute trahison
les ministres signataires du rapport au roi et des ordonnances en date du 25 juillet 1830. »

La prise en considération de cette proposition fut
adoptée à l'unanimité, et la proposition fut renvoyée à
l'examen des bureaux.

Une commission fut nommée. Un premier débat s'engagea devant la Chambre des députés le 18 août et le
20 août. Il s'agissait de déterminer les pouvoirs de la
commission. Nous retrouverons cette discussion plus
loin quand nous traiterons la question de la procédure.

Lorsque la commission se fut entourée de tous les

éléments d'appréciation, il lui restait un point important à trancher, tant au point de vue de la forme qu'au
point de vue du principe.

« Il s'agissait de savoir, dit Cauchy, si après avoir
reconnu les ministres accusables de trahison, la Chambre devait se borner à énoncer ce chef d'accusation en
termes généraux dans sa résolution, ou si elle devait
articuler contre chacun d'eux des faits et des circonstances susceptibles de rentrer dans les définitions des
crimes contenues au Code pénal.

» La commission s'était trouvée partagée d'opinions
à ce sujet.

» Quatre de ses membres avaient pensé qu'il suffisait
d'accuser les ministres de trahison, sans mentionner
en détail les faits coupables et définis par la loi sur lesquels on pouvait baser cette accusation.

» Mais les cinq autres membres, formant la majorité,
avaient été d'avis de soumettre à la Chambre un projet
de résolution ainsi détaillé :

» La Chambre des députés accuse de trahison MM. de
Polignac, de Peyronnet, Chantelauze, de Guernon Ranville, d'Haussez, Capel et de Montbel, ex ministres signataires des ordonnances du 25 juillet :

» Pour avoir abusé de leur pouvoir, afin de fausser les
élections et de priver les citoyens du libre exercice de
leurs droits civiques ;

» Pour avoir changé arbitrairement et violemment les
institutions du Royaume ;

» Pour s'être rendus coupables d'un complot attentatoire à la sûreté intérieure de l'État ;

» Pour avoir excité la guerre civile, en armant ou en portant les citoyens à s'armer les uns contre les autres, et avoir porté la dévastation et le massacre dans la capitale et dans plusieurs autres communes ;

» Crimes prévus par l'article 56 de la charte de 1814, et par les articles 91, 109, 110, 123 et 125 du Code pénal.

» En conséquence, la Chambre des députés traduit MM. de Polignac, de Peyronnet... etc... devant la Chambre des pairs (1). »

La discussion générale sur le projet de résolution qu'on vient de lire s'ouvrit devant la Chambre des députés dans la séance du 27 septembre 1830 (2).

La question de principe qui nous occupe, et qui avait divisé la commission, allait être portée à la tribune. Il faut convenir que les partisans de l'*arbitraire* n'allaient point trouver, à proprement parler, de contradicteurs.

M. Gaétan de Larochefoucauld s'écria bien : « Pour condamner il ne suffit pas que les prévenus paraissent ou même qu'ils soient coupables, il faut encore qu'il y ait des lois applicables » ; mais tout l'effort de Berryer, qui s'opposait à la mise en accusation, ne porta pas sur ce point.

« Un empoisonneur, un voleur, un parricide, dit-il,

(1) Cauchy, *Les précédents de la Cour de Paris*, p. 644 et suiv.
(2) *Moniteur universel*, n° 281, 28 septembre 1830, p. 1174.

sont toujours criminels, et doivent être condamnés en tout temps, en tout pays. Il n'en est point de même des criminels d'État. Donnez-leur seulement d'autres juges, que le temps calme les intérêts, modifie les passions, leur vie sera en sûreté et peut-être en honneur... L'exercice du droit d'accusation, en vertu de la responsabilité des ministres, est légitime et nécessaire dans le cours naturel d'un gouvernement constitutionnel, dans le cercle du mouvement régulier des lois politiques. Il est injuste, exorbitant, après ces commotions violentes où l'ordre de l'État a été changé, où les lois ont péri, où le sceptre est tombé des mains qui le portaient. »

Vous avez frappé le roi, vous ne pouvez donc point frapper les ministres. Si vous vouliez frapper les ministres, parce qu'ils sont responsables, ajoutait-il, vous deviez respecter le roi qui était inviolable. En chassant Charles X, vous vous êtes enlevé tout moyen de sévir contre ses ministres. La logique des faits était d'accord avec les règles essentielles de l'équité et de la justice. Ceux qui, comme Berryer, combattaient les conclusions de la commission n'employèrent pas, au moins dans la première partie de la discussion, d'autres arguments.

En attendant, la question de principe était dans l'air et M. de Podenas la porta à la tribune :

«... Alors même que les anciens ministres auraient agi dans le cercle légal de leurs attributions, déclara-t-il après avoir soutenu qu'on pouvait les poursuivre malgré la déchéance du roi, la Chambre des députés n'en aurait pas moins le droit d'apprécier leurs intentions et de les renvoyer ou non en jugement, selon le caractère qu'elles présenteraient, pourvu toutefois qu'aux termes de l'ancienne charte ces intentions fissent présumer en eux la trahison ou la concussion. C'est un principe de tout gouvernement représentatif, et sans lequel il ne pourrait se soutenir que la responsabilité est attachée à tous les actes ministériels quelconques.

C'est ainsi qu'en Angleterre, sous la reine Anne, s'éleva le procès du comte d'Oxford et de ses collègues pour la création de 12 pairs qu'on les accusait d'avoir faits dans des vues anticonstitutionnelles, quoiqu'on ne contestât nullement à la reine son droit de les nommer. »

L'orateur citait encore l'exemple de Strafford, de Laud, de Warren Hastings, et de lord Melville. Sur l'exemple de l'Angleterre, nous reviendrons dans une discussion prochaine. Mais ne manquons point de remarquer tout de suite que la responsabilité dont parle Podenas, c'est la Responsabilité de Benjamin Constant, la Responsabilité de la charte de 1814.

L'exemple de l'Angleterre ne hantait pas seulement M. de Podenas, il hantait aussi M. Arthur de la Bourdonnaye, qui proposait qu'on se contentât d'exiler les ministres coupables par une sorte de « bill of attainder ».

Labbey de Pompierre intervint dans le débat et se

prononça avec la plus grande netteté, cette fois, pour la théorie de l'arbitraire :

« ... On reconnaît que la Chambre a le droit d'accuser les ministres, on ne nie point leur responsabilité ; mais on dit c'est un principe déposé dans la charte, principe stérile et inapplicable, tant que le mode d'action n'est pas réglé.

» Ainsi l'on ose dire que l'État est sans défense contre la trahison et la concussion des ministres... Aucune loi, il est vrai, n'a énuméré les chefs de trahison et de concussion qui se multiplient et se déguisent avec tant d'adresse ; peut-être ils ne le seront jamais. N'avons-nous pas entendu, en 1827, un ministre le déclarer à cette tribune, et affirmer que la responsabilité ministérielle était d'autant plus pesante et incertaine qu'elle était moins définie ? C'est dans ce sens vraisemblablement que, le 17 juin 1829, un pair (M. de Broglie) disait : « il est dans la nature des choses que la Chambre des députés, lorsqu'elle accuse, qualifie le fait qu'elle dénonce en même temps qu'elle le défère à la Chambre des pairs ; il est dans la nature des choses que la Chambre des pairs, lorsqu'elle condamne, qualifie le fait incriminé en le frappant du glaive que la charte a placé dans ses mains. Il est dans la nature des choses, en un mot, que les hauts pouvoirs de la société, lorsqu'ils s'ébranlent pour exercer la vindicte sociale, agissent tout ensemble dans la double capacité de législateurs et de juges, et promulguent en quelque sorte la loi, au moment même où ils en font l'application.

» Le partisan le plus prononcé des doctrines absolues, accusant M. Decazes, n'a-t-il pas affirmé sans être contredit, que la Chambre peut accuser les ministres, non seulement pour un crime positif, mais encore pour un crime moral ? (Clausel de Coussergue).

» Il est donc reconnu que la Chambre accusant les ministres *en vertu des articles* 13 *et* 55 *de la charte*, n'est tenue qu'à qualifier le fait en le déférant à la Chambre des pairs, qui juge de la qualification, absout ou condamne s'il y a lieu et alors son jugement devient la promulgation de la loi. »

Les dernières lignes qu'on vient de lire ne laissent point de doute non plus sur ce que Labbey de Pompierre entend par la responsabilité pénale des ministres : c'est la responsabilité de la charte. Il la prend tout entière, telle qu'elle résulte des articles 13 et 55, sans la dédoubler comme l'a fait Pasquier, qui s'est inspiré des vrais principes du gouvernement représentatif mis en œuvre par le gouvernement parlementaire, par le gouvernement de Cabinet.

Dans la deuxième partie du débat, quand on en arriva au point de décider de quelle façon serait votée la mise en accusation des ministres, si l'on voterait cette mise en accusation en bloc, ou si, au contraire, l'on se prononcerait sur le cas de chaque ministre en particulier, Villemain qui était pour la première opinion, vint à son tour soutenir la théorie de l'arbitraire. Il ne l'emporta pas d'ailleurs.

C'est alors que quelques-uns de ceux qui entendaient maintenir les conclusions de la commission, telles qu'elles avaient été formulées, entreprirent de battre en brèche la thèse de Labbey de Pompierre et de Villemain par des arguments tirés de la charte même.

Que dit la charte ? Que la trahison est un crime. Mais elle ajoute que ce crime sera spécifié par des lois particulières.

« La trahison, d'après M. His, est déclarée par la charte un crime qui sera spécifié par des lois particulières. Ces lois ne sont pas intervenues. Restent donc les lois générales, le Code pénal. Vous ne trouverez dans le Code pénal aucune loi, aucun article qui punisse la trahison. En vertu de quelle loi la Chambre des Pairs appliquera-t-elle une peine au crime dont vous allez accuser les ministres ?... Dès lors l'accusation sera illusoire. Il faut donc nécessairement que vous spécifiiez le délit et que vous adoptiez la résolution de la commission dans laquelle sont compris des crimes prévus par notre Code pénal. »

En d'autres termes, les ministres sont déclarés responsables par la charte et il ne faut pas que cette responsabilité soit un leurre. La charte n'a mis à leur charge que les crimes de trahison et de concussion. Ces crimes devaient être définis. Ils ne l'ont pas été expressément par des lois spéciales. Mais le Code pénal, promulgué à nouveau par la Restauration, peut être considéré comme un ensemble de lois postérieures à la

charte. Dans ses lois postérieures peut se rencontrer
l'interprétation, sinon de la concussion et de la trahison, du moins l'interprétation, la qualification de certains crimes commis par les ministres et susceptibles
de rentrer dans la dénomination plus générale de
trahison. Ce faisant, on ne sortira pas des limites du
droit commun, et on se rapprochera certainement davantage du texte, de la lettre de la charte.

Il nous semble qu'il est difficile d'interpréter autrement les paroles de M. His. Il est impossible en effet
d'admettre que les mots trahison ou concussion ne figu-
rent pas dans le projet d'accusation de la Chambre,
puisque la charte déclare que ce sont les seuls crimes qui
puissent conduire les ministres devant la Chambre des
Pairs. C'est bien ainsi d'ailleurs que le comprenait
M. Mauguin, qui, sans vouloir contester le pouvoir souverain, arbitraire de la Chambre, signala comme d'une
politique habile le moyen fourni par la commission. Il
était bon, pensait-il, de ne pas laisser à la Cour des pairs
la ressource de se retrancher derrière l'absence de qualifications juridiques.

Ces raisonnements, ces habiletés ne furent point du
goût de Villemain.

« La justice, déclara-t-il, dit que la Chambre des députés n'est compétente pour saisir la Chambre des pairs,
qu'autant que l'accusation porte sur un fait de trahison
ou de concussion ; il faut donc que ce mot puissant et
clair soit inscrit sur la résolution qui sera envoyée à la

pairie. C'est le moyen d'éviter ces questions épineuses et difficiles qui pourraient embarrasser la Chambre des députés, lorsqu'il s'agirait d'établir, quant à l'accusation, des distinctions et des degrés entre les membres de l'ancien ministère : au lieu qu'en rattachant cette accusation à un fait unique, fondamental, celui de trahison, la résolution de la Chambre embrasserait à la fois tous les coupables dans la même expression constitutionnelle. La conscience de la Chambre des pairs, de ce grand jury national, n'en serait que plus à l'aise. Car se trouvant affranchie des définitions légales qui entraveraient son examen, elle serait maîtresse d'apprécier tous les faits quelconques susceptibles de présenter le caractère de trahison, et en même temps de graduer, entre les coupables, ces pénalités qu'en sa qualité de grand jury national elle peut appliquer sans avoir besoin de les lire dans la loi. »

Les derniers mots soulevèrent quelques murmures. C'était l'affirmation nette, catégorique de la théorie de l'arbitraire, avec, semble-t-il, le souci de dégager un principe général de droit constitutionnel, mais en souvenir toujours de la charte de 1814.

Villemain déposa un amendement dans le sens de son opinion. Cet amendement fut repoussé, à une faible majorité il est vrai, et le projet de la commission fut adopté.

Dans son arrêt de condamnation, la Cour des pairs ne fit mention expressément que du crime de trahison.

Mais dans les considérants elle fit allusion à la violation des lois ordinaires et pour prononcer le châtiment, elle ne manqua pas de citer les articles du Code pénal qui le contenaient.

Arrêt

« La Cour des pairs, ouï les commissaires de la Chambre des députés en leurs dires et conclusions, et les accusés en leur défense ;

» Considérant que, par les ordonnances du 25 juillet, la charte constitutionnelle de 1814, les lois électorales et celles qui assuraient la liberté de la presse, ont été manifestement violées, et que le pouvoir royal a usurpé la puissance législative ;

» Considérant que si la volonté personnelle du roi Charles X a pu entraîner la détermination des accusés, cette circonstance ne saurait les affranchir de la responsabilité légale ;

» Considérant qu'il résulte des débats que Auguste-Jules-Armand-Marie, prince de Polignac, en sa qualité de ministre secrétaire d'État des affaires étrangères, de ministre de la guerre par intérim et de président du conseil des ministres, Pierre-Denis, comte de Peyronnet, en sa qualité de ministre secrétaire d'État de l'intérieur, Jean-Claude-Balthazar Victor Chantelauze, en sa qualité de Garde des sceaux, ministre secrétaire d'État de la justice, et Martial-Côme-Annibal-Perpétue-Magloire, comte de Guernon-Ranville, en sa qualité de ministre secrétaire d'État des affaires ecclésiastiques et de l'instruction publique (1), responsables aux termes de l'article 13 de la charte de 1814, ont contresigné les ordonnances du 25 juillet, dont ils reconnaissaient euxmêmes l'illégalité ; qu'ils se sont efforcés d'en procurer l'exécution, et qu'ils ont conseillé au roi de déclarer la ville de Paris en état de siège, pour triompher par l'emploi des armes de la résistance légitime des citoyens ;

» Considérant que ces actes constituent le crime de trahison prévu par l'article 56 de la charte de 1814 ;

» Déclare :

» Auguste-Jules-Armand-Marie, prince de Polignac ; Pierre-Denis, comte de Peyronnet ; Jean-Claude-Balthazar-Victor de Chantelauze, et Martial-Côme-Annibal-Perpétue-Magloire, comte de Guernon-Ranville,

» Coupables du crime de trahison.

» Considérant qu'aucune loi n'a déterminé la peine de la trahison, et qu'ainsi la Cour est dans la nécessité d'y suppléer ;

» Vu l'article 7 du Code pénal, qui met la déportation au nombre des peines afflictives et infamantes ;

» Vu l'article 17 du même Code qui porte que la déportation est perpétuelle ;

» Vu l'article 18 qui déclare qu'elle emporte la mort civile ;

» Vu l'article 25 du Code civil qui règle les effets de la mort civile ;

(1) On sait que les autres étaient en fuite.

» Considérant qu'il n'existe hors du territoire continental de la France, aucun lieu où les condamnés à la
peine de la déportation puissent être transportés et
retenus ;

» Condamne le prince de Polignac à la prison perpétuelle sur le territoire continental du royaume, le déclare déchu de ses titres, grades et ordres, le déclare
mort civilement, tous les autres effets de la peine de la
déportation subsistant, ainsi qu'ils sont réglés par les
articles précités ;

» Ayant égard aux faits de la cause, tels qu'ils sont
résultés des débats ;

» Condamne le comte de Peyronnet, Victor de Chantelauze, le comte de Guernon-Ranville à la prison perpétuelle ;

» Ordonne qu'ils demeureront en état d'interdiction
légale, conformément aux articles 28 et 29 du Code
pénal, les déclare pareillement déchus de leurs titres,
grades et ordres ;

» Condamne le prince de Polignac, le comte de Peyronnet, Victor de Chantelauze, le comte de Guernon-
Ranville personnellement et solidairement aux frais du
procès ;

» Ordonne qu'expédition du présent arrêt sera transmise à la Chambre des députés par un message, sera
imprimée et affichée à Paris et dans toutes les autres
communes du royaume, et transmise au garde des

sceaux, ministre, secrétaire d'État au département de la justice, pour en assurer l'exécution (1). »

Un tel arrêt, n'est-il pas vrai, ne consacrait point la théorie de l'arbitraire, et entraînait bien contre les ministres l'idée d'opprobre, dont ne voulait point Benjamin Constant.

**

La charte de 1830 reproduisait à propos de la responsabilité des ministres les dispositions de la charte de 1814 en termes plus généraux. La Chambre pouvait accuser les ministres et les traduire devant la Chambre des pairs. Elle disposait qu'une loi devrait intervenir sur la responsabilité des Agents du pouvoir. Pour répondre à cette dernière disposition de la charte, un premier projet de loi fut présenté par M. Barthe en 1832. Nous y reviendrons quand nous aurons à parler de la procédure. Un second projet de loi sur la responsabilité des agents du pouvoir fut déposé sur le bureau de la Chambre par M. Persil au nom du Gouvernement et discuté dans la séance du 16 mars 1835 (2). Ce projet déterminait et définissait trois sortes de crimes à la charge des ministres : la trahison, la concussion et la prévarication. Il laissait à la Chambre des pairs le droit arbitraire d'édicter les peines. La discussion générale porta presque exclusivement sur la question de principe

(1) *Moniteur*, n° 356, 22 décembre 1830, p. 1794.
(2) *Moniteur universel*, n° 76, 17 mars 1835, p. 537 et suiv. ; *Moniteur universel*, n° 77, 18 mars 1835, p. 543 et suiv.

qui nous occupe. Partisans et adversaires de la théorie
de l'arbitraire se livrèrent à un véritable tournoi ora-
toire. « Je crois, disait Odilon-Barot, qu'en définitive
l'utilité de cette discussion ne sera guère qu'une utilité
doctrinale en quelque sorte. » C'est en effet un véritable monument de jurisprudence que constituent ces
débats. Ils sont d'autant plus importants pour nous que
les termes de la charte de 1830 se rapprochent plus par
le vague qui les caractérise, des termes de la loi constitutionnelle du 16 juillet 1875. Mais souvenons-nous
toujours que la charte de 1830 pas plus que celle de
1814 ne parlait de la responsabilité politique. Salverte
attaqua le premier la théorie de l'arbitraire ; il reconnut que les crimes, les délits des ministres étaient de
tous, sans exception, ceux qui portaient le plus grand
préjudice à la société.

« L'acte le moins criminel dans ce genre, dit-il, est
peut-être plus désastreux, plus funeste que les crimes
particuliers les plus graves. Ces mêmes actes ont un
caractère qu'on ne peut pas non plus se refuser de reconnaître, c'est qu'il est au pouvoir de ceux qui les commettent, de dissimuler longtemps, de les cacher, d'em-
pêcher qu'on ne parvienne à les découvrir, de semer de
graves obstacles sur la route des hommes zélés qui voudraient les révéler à la nation et à la justice. »

L'orateur se demandait ensuite où on puisait cette
limitation des faits pour lesquels les ministres sont accusables, trahison, concussion, prévarication. Cette dis-

tinction ils ne la voyaient pas dans la charte de 1830.

« Il me semble, continuait-il, que tous les actes commis sciemment, avec intention, contre l'intérêt du pays doivent être compris dans la possibilité de l'accusation, et qu'en conséquence l'article 2 et l'article 7 qui prescrivent à l'accusation de renfermer les faits dans ces trois catégories sont absolument superflus. Tous les actes peuvent être poursuivis s'ils ont le caractère de délits, si en les commettant on a sciemment nui à la chose publique. »

Salverte enfin s'élevait contre cette disposition de la loi qui laissait l'arbitrage des peines à la Cour des Pairs. Il voyait là enco re une dérogation au droit commun. Sans doute il en comprenait la raison, on avait voulu laisser à ce grand tribunal le moyen de se montrer, le cas échéant, exceptionnellement indulgent.

Il terminait ainsi :

« Messieurs, heureusement pour nous, notre marche est tracée. En 1830, il n'existait pas de loi, mais il existait une Chambre dont je vois ici siéger encore beaucoup de membres, une Chambre énergique qui sentit quel était son devoir. quels étaient les besoins du pays : elle accusa des ministres, elle créa sa procédure, fixa sa marche et. arriva avec une accusation complète, motivée, où tous les faits incriminés étaient détaillés, spécifiés, non pas par des mots arbitraires et susceptibles d'une interprétation contestée, mais par les articles du Code

qui s'y appliquaient. C'est là une grande leçon de l'histoire... »

M. Rauter lui répondit. Il déclara d'abord qu'il n'était
pas d'avis qu'il fût d'une bonne loi constitutionnelle, en
politique, de définir les cas de responsabilité ministérielle. Il estimait que c'était au moins l'opinion des
meilleurs publicistes et il citait l'exemple de Benjamin
Constant. Il ne manquait point non plus de rappeler la
coutume de l'Angleterre. Il poursuivait ainsi :

« Cette matière qui nous occupe n'est pas une criminalité ordinaire... et d'abord, si c'était une criminalité ordinaire, pourquoi donc une loi spéciale pour la régler ?... En matière pénale commune, il est sans doute
important que les peines ne soient pas arbitraires, ce
qui revient à dire qu'il importe que les délits soient bien
définis ; la raison en est que les actes des hommes sont
si divers, que incriminer en bloc, si on peut parler ainsi,
tous les actes injustes, serait jeter sur tous les citoyens
un vaste réseau sous lequel il dépendrait de l'accusateur
et du juge de saisir qui ils voudraient, car la poursuite
pourrait du moins être commencée sous le plus léger
prétexte, chaque acte de l'homme pouvant être inter-
prété malignement... Rien de semblable ne peut se présenter en matière de responsabilité ministérielle. Le
ministre a-t-il violé son mandat ? voilà la question. Or
son mandat est connu, il l'est de lui, il l'est de ses juges,
il l'est du public. »

L'orateur admet à la rigueur les mots trahison, concussion et prévarication, mais il ne veut pas qu'on aille plus loin dans la définition. Il pense que ce serait impolitique, que ce serait favoriser l'impunité que de définir de près les délits et les crimes des ministres. Il estime en outre que ce serait contraire à l'esprit de la charte. La charte de 1830 dit seulement que la Chambre des députés a le droit d'accuser les ministres devant les pairs. Elle ne parle pas de trahison ni de concussion comme la charte de 1841. Il en conclut que la nouvelle charte a adopté l'opinion de Benjamin Constant.

M. Maleville intervint alors dans le débat ; c'était un grand partisan de la non-définition ; il en avait fait un article de sa profession de foi politique pour ainsi dire :

« A côté du roi irresponsable se trouvent les ministres responsables ; mais cette garantie a besoin d'une grande énergie, et je la cherche, non dans de bonnes définitions, mais dans l'absence de définition.

» Remarquez-le bien, Messieurs, le Ministère, c'est-à-dire le pouvoir exécutif, résume dans ses mains les forces matérielles du pays ; il a incessamment les moyens d'anéantir en fait la constitution et de détruire les garanties qu'elle donne. Il faut à côté de ce pouvoir matériel, toujours menaçant, ou qui peut toujours le devenir, un autre pouvoir moral dont l'énergie soit assez grande pour arrêter toutes les tentatives coupables. »

Cette garantie, M. Maleville la trouve dans une loi sans définition ; car, pense-t-il, il s'agit moins ici de réprimer que de prévenir :

« C'est une épée de Damoclès, dit-il, qu'il faut suspendre sur la tête des ministres ; il faut qu'elle trouble le sommeil même des vainqueurs. C'est donc le vague même de la loi qui assurera son pouvoir préventif, en décourageant à l'avance ceux qui chercheraient à en éluder les rigueurs.

» J'ajoute qu'il est impossible de définir tous les cas de responsabilité ministérielle...... Nous ne sommes pas ici dans l'ordre du droit commun. L'homme privé n'est responsable que du mal qu'il a fait. Dans l'ordre politique et constitutionnel, les ministres sont comptables non seulement du mal qu'ils ont fait, mais encore du bien qu'ils n'ont pas fait. Or, Messieurs, comment saisir par des définitions précises toutes les nuances qui échappent presque à la pensée ? Comment comprendre que, prenant le crayon du légiste, vous puissiez décrire tous les cas qui peuvent donner lieu à l'ouverture de ce droit, à l'application de ce grand principe ? »

L'orateur déclare que la charte de 1830 met plus à l'aise l'interprétateur que celle de 1814. Il pense que quand on veut définir, une foule de cas échappent à la loi. Le projet qu'on présente à la Chambre entend déterminer trois sortes de crimes à la charge des ministres : la trahison, la concussion et la prévarication. M. Maleville attire l'attention de tous sur ce dernier mot :

« Ici, Messieurs, continue-t-il, je vous prie de me prêter un moment d'attention et vous verrez combien

il est difficile, quand on veut définir, de rester dans des
limites précises. La commission elle-même , quelque
préoccupée qu'elle fût des exigences du droit commun,
les a bientôt dépassées. Elle a dit : il y a prévarication
de la part des ministres lorsque, hors des cas ci-dessus,
ils compromettent *sciemment* les intérêts de l'État par la
violation ou l'inexécution des lois, ou par l'abus du pouvoir qui leur est légalement confié.

» Blackstone parle quelque part d'une loi criminelle
d'Angleterre dans laquelle on avait, avec beaucoup de
soin, recherché, énuméré, défini tous les cas qu'on avait
cru possible de prévoir, et à la fin, craignant encore de
s'être trompé, on avait ajouté : et tous les autres cas semblables.

» C'est ce que fait par précaution la Commission, car la
définition de la prévarication consacre, selon moi, tous
les cas possibles prévus ou imprévus. Nous sommes donc
d'accord. »

Et Maleville qui proposait un amendement dans le
sens de son opinion déclarait qu'il s'étonnerait fort si la
Commission ne l'adoptait pas. Il lui paraissait plus con-
forme que tout le reste au grand principe qu'elle et lui
admettaient. L'orateur voulait élever cette loi à la di-
gnité d'une institution. C'est un haut jury national qu'il
faut créer, disait-il, et il entrevoyait des cas nombreux
où il y aurait utilité à ce que le pouvoir qui juge ne fût
pas limité par des définitions toujours restrictives. On
peut se trouver en présence de coupables qui ont rendu

antérieurement de grands services à l'État ; alors il vaut mieux que la clémence puisse venir des pairs ; souvent même ils sont les seuls à pouvoir en user. Maleville rappelle la condamnation de Straffort. Charles Ier fut dans l'impossibilité de le gracier et sur l'échafaud même le roi s'en désolait.

« Je veux, ajoutait l'orateur, que la Chambre des pairs puisse, dans son omnipotence de jury national, faire la part de l'indulgence comme celle de la sévérité ; c'est pour cela que je repousse les définitions.

» Enfin une dernière considération m'a déterminé. Ne croyez pas que le pays vienne jamais à périr, faute d'une loi ; votre loi pourrait être impuissante, la vengeance du pays ne le serait pas. Il y a une loi qui n'est pas écrite dans nos Codes, mais qui l'est dans l'histoire ; les pages en sont sanglantes ; cette loi, c'est la loi du salut public. C'est à cette loi terrible qu'on en appelle quand la loi écrite est impuissante.

» Qu'avons-nous fait en 1830 ? Les ministres avaient compromis les destinées du pays, ils ont été poursuivis. Nous avons fait la loi, car elle n'existait pas ; nous avons composé le tribunal, car nous avons exclu ceux mêmes qui pouvaient être soupçonnés de leur être favorables, non pas pour ce motif, mais par le fait même de l'exclusion des pairs nommés par Charles X.

» Eh bien ! ce que nous avons fait a été sagement fait. L'histoire ne nous blâmera jamais, et nous devons croire que les accusés eux-mêmes, du fond de leur prison, ne méconnaissent pas l'avantage qu'ils ont trouvé dans l'absence d'une législation précise, qui a permis à leurs juges d'être plus indulgents que les colères publiques qu'ils avaient soulevées. »

M. de Laboulie monta à la tribune pour combattre la théorie chère à M. Maleville. M. de Laboulie déclare d'abord que la loi proposée à la Chambre n'est pas seulement une loi politique, mais qu'elle est encore une loi criminelle. Or, personne ne peut contester que le vague ne soit l'arbitraire, et que l'arbitraire ne soit en droit criminel, ce qu'il y a de plus contraire à la raison et à la justice. Bien plus, l'orateur se demande comment M. Maleville n'a pas pensé que précisément le vague de l'accusation, le vague jeté dans la définition des délits permettait toujours de poursuivre un ministre, lors même qu'il n'était accusé que par les passions, par la haine ou par l'envie, et d'appeler contre lui les vengeances du pays, alors même qu'il n'aurait commis contre le pays aucun acte criminel.

M. de Laboulie s'en tient au principe que résume cet adage : *nulla pœna sine lege.*

Il rappelle ce que disait Straffort après son procès : « j'ai été condamné, mais je n'ai point été jugé ».

Le législateur doit donc définir nettement les faits qui sont qualifiés crimes, car ceux-là seuls peuvent être punis. Les définitions sont possibles et faciles : « les crimes des ministres, dit M. de Laboulie, sont divisés en deux grandes classes : crimes politiques et crimes privés. Les crimes politiques sont commis contre le pays, les crimes privés sont commis contre les citoyens. »

L'orateur estime que le projet de loi déposé par le gouvernement apporte des définitions assez larges, quoique précises, pour qu'aucun crime politique ne puisse échapper à la répression.

Et M. de Laboulie cite l'article 5 du projet, relatif à la prévarication. Il termine ainsi : « L'arbitraire en matière criminelle est la chose du monde que la justice repousse le plus. C'est lui qui prépare et rend faciles les assassinats judiciaires. »

Il est aisé de se rendre compte que M. de Laboulie laissait la réplique commode à ses contradicteurs M. Maleville ne manqua point de saisir l'argument. Si l'article 5 du projet de loi, relatif à la prévarication, était là pour suppléer à l'insuffisance des définitions de la trahison et de la concussion, c'est que des définitions précises ne pouvaient embrasser tous les crimes des ministres. Cet article 5 c'était la justification de la thèse de M. Maleville.

M. St-Marc Girardin, avant de discuter la question de principe, voulut bien établir que de ce côté la charte de 1830 laissait toute liberté. Elle ne porte même pas en effet, comme la charte de 1814, les mots trahison et concussion. Elle dit qu'une loi devra intervenir sur la responsabilité des ministres et des autres agents du pouvoir, mais elle ne dit pas que les crimes seront définis.

« Ce que je veux défendre, déclare St-Marc Girardin, c'est le principe de la liberté parlementaire dans sa plus grande étendue. Je ne crois pas qu'il soit possible de définir d'une manière exacte les crimes que l'on veut punir. En définissant on exclut par cela même certains crimes qui ne se présentent pas à la pensée du législateur au moment où se rédige la loi.

» Définir, c'est exclure. Il faut reconnaître que la loi est plus étroite lorsqu'elle définit que lorsqu'elle ne définit pas. Elle se prête bien mieux à la vengeance que la loi... » Comme le mot de vengeance soulève des protestations l'orateur se reprend : « elle se prête mieux à la justice que la loi doit exercer ».

St-Marc Girardin invoque l'autorité de Benjamin Constant. Il rappelle l'accusation portée contre le ministère de Villèle en 1828 par Labbey de Pompierre. Il remarque aussi que la définition de la prévarication par l'article 5 fournit un argument décisif aux adversaires mêmes du projet de loi. Il continue en ces termes :

« Il faut ici écarter toute idée du droit commun, il n'y a rien qui ressemble au droit commun dans l'accusation des ministres ; tout ici est spécial, le tribunal et la procédure. »

Avec M. Hennequin nous revenons à la théorie de la définition, aux principes du droit commun et nous allons trouver pour la première fois une critique intéressante de la thèse de Benjamin Constant dont le nom fut déjà si souvent prononcé dans ce débat, M. Hennequin reconnaît qu'il est indispensable que les crimes des ministres ne puissent pas échapper à la répression. Dans un langage un peu emphatique il déclare que « la loi doit être placée à côté du ministre comme l'esclave dans le char du triomphateur, pour lui rappeler sans cesse qu'il doit respecter la constitution commise à sa foi, et que, sous le vain prétexte du salut de l'État il ne peut pas la violer ».

L'orateur ne pense pas qu'on doive renvoyer la situation ministérielle à l'application du droit commun. Ce serait mal pourvoir aux intérêts généraux.

Il faut une loi spéciale. Mais si l'on veut, dit-il, que cette loi ait de la vérité, de l'efficacité, il faut s'empresser de la fonder sur les maximes du droit criminel. Or le premier devoir de la loi criminelle est d'avertir avant de frapper. Les définitions sont nécessaires. Il faut qu'elles soient claires, précises, qu'elles indiquent l'écueil, et que le ministère ne puisse pour ainsi dire s'y briser que volontairement.

L'orateur se demande si on doit aller jusqu'à définir les mots trahison, concussion, prévarication.

« Ici vient se placer, dit-il, le souvenir des *accusations constructives*. Voulez-vous qu'un ministre ait à redouter de voir des actes innocents, en apparence, ou du moins peu reprochables, réunis dans un faisceau pour constituer par voie de *construction* l'accusation inattendue ou de trahison ou de concussion ?

» C'est là, messieurs, ce qu'il faut prévenir si vous voulez que la loi ait de la réalité dans l'application. Je pourrais faire parler ici tous les souvenirs de l'histoire. Je pourrais rappeler qu'Edouard III a fait rentrer la justice dans les accusations politiques en caractérisant les faits de trahison.

» Les paroles de Straffort retentiront dans la dernière postérité. Il ne faut laisser jamais à un ministre le droit de dire du fond de la prison : je suis condamné sans doute, mais je n'ai pas été jugé. Réfléchissez d'ailleurs sur l'esprit des gouvernements représentatifs. La responsabilité ministérielle ne serait qu'un odieux mensonge si le contre-seing d'un ministre n'était pas la preuve de son assentiment à la mesure contresignée.

» Le pouvoir du ministre c'est une autorité précaire, révocable mais réelle : aussi dans la discussion qui peut s'ouvrir entre le pouvoir responsable et celui qui ne l'est pas, c'est manifestement à la responsabilité que doit rester la décision. »

Hennequin rencontre alors l'opinion de Benjamin Constant : « C'est ici que je trouve la réfutation de l'opinion d'un illustre publiciste ; M. Benjamin Constant, comme on peut le voir dans tout son écrit, se préoccupe d'une seule pensée. A ses yeux, la condamnation du pouvoir responsable n'est qu'un avertissement donné au pouvoir qui ne l'est pas. Pour lui, le but véritable de l'accusation c'est que le pouvoir irresponsable soit averti, et le ministre accusé dépossédé du pouvoir. Considéré sous ce point de vue, j'entends que le vague peut rester dans l'accusation. Il ne s'agit alors que d'une discussion politique qui doit, sous le rapport de la pénalité, rester sans résultat réel. Mais ce n'est pas ainsi que doit être faite la loi nouvelle. Désormais, Messieurs, s'il y a de la vérité dans nos institutions, un ministre ne s'offre pas aux Chambres comme une sorte d'éditeur responsable, mais comme un homme politique qui doit porter le poids des mesures qu'il a voulues, et dont il n'a garanti l'exécution que parce qu'elle avait obtenu le double assentiment de sa raison et de sa conscience. Alors, Messieurs, il ne s'agit plus d'un fantôme de discussion, mais d'une discussion pleine de vérité ; il s'agit de frapper le ministre, et non plus seulement d'avertir un pouvoir resté maître sans doute de choisir, de modifier le cabinet, mais qui dépose entre les mains des ministres qu'il a choisis, toute l'action gouvernementale. »

C'est donc en s'élevant au-dessus de la lettre de la charte, en s'inspirant, comme Pasquier, des principes du gouvernement représentatif qu'elle contenait implicitement, que M. Hennequin combattait la théorie de l'arbitraire. Il montre parfaitement, comme nous avons essayé de le faire déjà nous-même, dans quel esprit tout spécial a été écrit le livre de Benjamin Constant sur la responsabilité des ministres.

Il signale donc quelle erreur c'est d'invoquer l'autorité de l'illustre publiciste, quand il s'agit de déterminer la responsabilité pénale des ministres dans un pays qui pratique ou qui veut pratiquer pleinement le gouvernement parlementaire.

« Je comprends très bien, dit-il, que chez un peuple où le pouvoir absolu se cacherait sous des apparences constitutionnelles on pourrait considérer la responsabilité ministérielle avec indifférence. Dans cette hypothèse le vague de l'accusation laisse encore plus de liberté à la lutte des partis. Mais s'il y a de la réalité dans la position des ministres, des dangers véritables les menacent, et il devient nécessaire de les environner de toutes les garanties du droit criminel. »

L'orateur constate au surplus que le système des définitions n'est pas nouveau. Il rappelle qu'il a déjà été adopté dans des propositions de loi antérieures. Il ne trouve point d'objection vraiment sérieuse à ce système. Puis faisant allusion au mot de vengeance échappé à St-Marc Girardin, il poursuit ainsi :

« Messieurs, il y a des expressions naturelles que le sujet inspire, et dont un orateur peut difficilement se défendre. Celle dont j'ai parlé a été retirée, dites-vous, mais elle est dans le fond des choses. Il est certain que lorsqu'une loi ne définit pas, on reste maître de frapper à son gré, et c'est un ordre de choses qui convient beaucoup aux passions haineuses, à la colère, à la vengeance. On veut que le ministre soit maintenu dans une perpétuelle inquiétude. Je doute que ce soit là une situation très favorable à l'expédition des affaires ; étrange combinaison ! Le vague de la loi trouble la vie du ministre, le menace, l'effraie et devient cependant la raison décisive de son impunité ; car il ne faut jamais l'oublier, commettre un délit, c'est contracter avec la société, c'est se soumettre à la pénalité attachée à un fait déterminé. Le jugement n'est qu'une vérification du fait, la recherche de savoir si le fait a le caractère de la loi. Hors de là, il n'y a pas de jugement. »

Enfin M. Hennequin ne veut pas quitter la tribune sans faire une remarque qui a son importance et que nous soulignons en passant. Il rappelle que les lois, nous dirons toutes les lois, quelles qu'elles soient, ne sont pas faites pour les temps de révolution ; mais pour les temps calmes. C'est dans ces temps seulement, déclare l'orateur, que les lois sont entendues et appliquées. Il n'y a aucun doute que dans les temps d'émotion populaire d'autres pensées dominent. Mais ce n'est pas pour ces moments-là que les députés, que des législateurs délibèrent sur une loi fondamentale.

Hennequin ne veut donc point se servir de l'exemple du procès de 1830. Il soutient qu'il est en dehors de la question.

« Vous faites, comme on vous l'a dit, ajoute-t-il, une loi tout à la fois politique et criminelle ; si vous la considérez sous ce double rapport, vous resterez convaincus de la nécessité de prouver et de définir.

» Loi politique ! vous devez avertir les hauts mandataires qui se trouvent revêtus de l'autorité ministérielle, que même l'amour du bien public ne pourrait pas excuser la violation du pacte social !

» Loi criminelle ! Vous vous rappellerez que la plus

sainte de toutes les maximes de l'ordre social est de déclarer innocentes les actions que la législation n'a pas in-
criminées. Vous vous rappellerez que si le ministre n'est
pas averti par la loi, il pourra se croire libre et, qu'en
dernier résultat, on le verra souvent sortir de la lutte si
ce n'est triomphant, du moins impuni. »

Avec Odilon-Barrot, nous allons revenir à la théorie
de la non-définition. Il est bon de connaître quelques-
uns des arguments invoqués par l'ancien préfet de la
Seine. Car ces arguments, au moins l'un d'eux, nous
les retrouverons, en dernière analyse, dans le raison-
nement de ceux qui aujourd'hui, en présence de l'article 12 de la loi constitutionnelle du 16 juillet 1875,
veulent maintenir le pouvoir absolu, souverain, arbitraire du Parlement.

Odilon-Barrot se rallie à l'opinion de M. Maleville. Il ne sait pas quelle est la destinée de la loi qui se
discute. Il est facile de faire des lois, estime-t-il, mais,
en général, ce sont plutôt les hommes qui manquent
aux lois, que les lois qui manquent aux hommes. Il
rappelle que le principe de l'accusation des ministres
avait été proclamé dans la charte de 1814, et que cependant il a fallu une révolution pour réaliser l'unique
application qui en avait eu lieu dans notre histoire parlementaire. L'orateur en parlait avec connaissance de
cause. Il avait été l'un des acteurs du drame de 1830.

Puis il examine, dans sa discussion, s'il est nécessaire, ou même seulement utile, d'insérer une défini-

tion des faits dans la loi sur la responsabilité des ministres. Il lui semble qu'on se préoccupe trop des principes du droit commun. Comment, dit-on, une peine appliquée sans définition ! L'arbitraire introduit dans la justice criminelle ! C'est monstrueux ; c'est renverser toutes les notions de justice avec lesquelles nous avons été élevés.

Odilon-Barrot déclare que toutes ces exclamations pourraient l'émouvoir si les ministres étaient dans une position dépendante du droit commun. Mais sont-ils dans une situation qui regarde le droit commun ? « Il s'agit ici, dit-il, non de la justice commune, non de la justice ordinaire, mais d'une véritable justice politique, qui a ses caractères à elle, caractères spéciaux qui la distinguent de la justice ordinaire, avec laquelle on ne saurait la confondre. »

Odilon-Barrot va développer maintenant l'argument, qui est aujourd'hui encore l'argument le plus fort en faveur de la théorie de l'arbitraire ;

« *Et en effet, ajoute-t-il, remarquez que c'est un pouvoir politique qui accuse les ministres, et qui, seul, peut les accuser ; que c'est un pouvoir politique qui est appelé à les juger* ; que le fait n'est pas accusé tant à raison de ses circonstances morales, qu'à raison de ses conséquences et de ses résultats pour le pays. »

L'orateur insiste ensuite sur ce point que pour cette juridiction politique il s'agit de condamner le fait en lui-même plus que l'agent coupable. C'est une exception à ce grand principe qu'il est impossible d'appliquer une peine quand il n'y a pas d'intention criminelle.

« Je concevrais très bien, poursuit Odilon-Barrot, qu'il pût se rencontrer un fait ministériel compromettant tellement et l'intérêt public et la sûreté générale et l'honneur national, qu'il y eût nécessité de la part des Chambres de condamner et de flétrir le fait par une haute réprobation, et cela en faisant même abstraction des intentions de l'auteur de ce fait. C'est, Messieurs, pour faire ressortir toute la différence substantielle qu'il y a entre la juridiction politique et la juridiction commune, entre la pénalité qui s'applique à l'accusation politique, et la pénalité qui s'applique aux délits ordinaires, que j'ai cité cet exemple ; c'est peut-être l'application la plus extrême du principe que je viens défendre devant vous. »

Enfin Odilon-Barrot termine par une observation qui ne nous paraît point probante, à laquelle d'ailleurs M. Hennequin a déjà répondu par avance, et contre laquelle M. Guizot invoquera à son tour de bons arguments. L'orateur nous semble en effet prévoir plutôt une situation un peu révolutionnaire, quand il dit :

« Messieurs, nous aurons beau établir des définitions, soyez bien persuadés d'avance que vous ne pourrez pas faire violence à la nature des choses, que toutes vos définitions sont inutiles ; que le pouvoir accusateur ne s'en préoccupera même pas, et que si dans un intérêt de forme il essaie de rajuster son accusation à vos définitions, ce sera tout au plus un travail de forme qui n'aura aucune influence sur le fond des accusations. »

Odilon-Barrot ne manque pas d'invoquer, lui aussi, l'article du projet de la commission, l'article V, relatif à la prévarication. La non-définition est tellement dans la nature des choses que sans le vouloir, sans s'en rendre compte peut-être, la commission le reconnaît implicitement. L'ancien préfet de la Seine fait allusion à Straffort :

« Certes, ajoute-t-il, les définitions ne l'ont pas protégé. Elles ne protègent jamais contre une accusation politique. C'est là le caractère spécial de toute justice politique ; il faut le lui laisser tout entier ; et, précisément afin que cette justice politique ait un caractère tellement exorbitant, que nul n'ait jamais la pensée de l'appliquer aux citoyens, il faut la renfermer dans ses limites. »

M. Guizot, ministre de l'instruction publique, n'aborde pas en réalité, dans ses observations, la question de principe sur laquelle a roulé tout le débat. Il n'est point un théoricien, il est un homme de gouvernement. En cette dernière qualité, il s'attache à démontrer que le projet de loi donne satisfaction à tout le monde.

« Vous êtes ici, dit-il, en présence de deux écueils qu'il faut également éviter : d'une part le danger du vague, de l'arbitraire... ; d'autre part du danger de laisser en dehors de vos définitions des actes réellement punissables, et de limiter ainsi les droits de la Chambre et la justice politique. »

Guizot estime que l'article V, qui définit la prévarication, donne satisfaction à toutes les opinions. Les partisans de la non-définition ne l'avaient jamais contesté, puisqu'ils y trouvaient la justification même de leur thèse.

« Vous atteignez ainsi, déclare-t-il, en faisant allusion à la définition de la trahison, de la concussion et de la prévarication, le but de définir les plus graves des actes qui peuvent donner lieu à des poursuites contre les ministres, d'imposer ainsi à la Chambre et à la justice nationale ce degré de précision, de gravité, qui donne satisfaction à un bon sentiment public, et cela sans limiter en rien les droits de la Chambre, sans restreindre en rien la responsabilité ministérielle. »

Guizot, à son tour, parle de Straffort. Il va montrer que les définitions peuvent quelquefois tellement embarrasser une Chambre qu'elle n'essaiera même pas de respecter la loi, comme Me Guérin, en la tournant, et qu'elle en sera réduite à avoir recours à un moyen véritablement révolutionnaire. Il répond ainsi, indirectement, au passage du discours d'Odilon-Barrot que nous signalions tout à l'heure.

« L'exemple de Straffort, dit-il, vient à l'appui de mon opinion. On a parlé du procès de Straffort. Il y avait, Messieurs, à cette époque, des lois sur la trahison en Angleterre, il y avait des définitions légales qu'on essaya d'appliquer aux crimes de lord Straffort. On en reconnut la difficulté. Les définitions légales se prêtaient mal à l'accusation. La Chambre des communes laissa là les voies judiciaires et se porta à un acte de violence, à un *bill d'attainder*. Elle poursuivit par un acte législatif au lieu de poursuivre judiciairement. Rien ne prouve mieux à quel point les définitions légales peuvent être importantes. La Chambre des communes ne pouvant supporter le joug de ces définitions, s'en affranchit par la violence : de telles violences sont toujours funestes ; il ne faut pas que les pouvoirs publics en donnent l'exemple. »

Avec Guizot, la discussion avait épuisé de part et d'autre tous les arguments. M. Janvier, qui prit la parole après le ministre de l'instruction publique, réédita les arguments, que nous connaissons déjà en faveur de la non-définition. Il soutint à son tour qu'il ne fallait point, en pareille matière, s'embarrasser des principes du droit criminel, « apporter des idées de barreau et de légiste, mais apporter des idées politiques et parlementaires ». Si la situation que l'on fait aux ministres est une situation exorbitante, exceptionnelle, il ne faut pas oublier que leur position n'est pas une position commune, vulgaire ; « à une situation exceptionnelle, il est juste d'appliquer des règles exceptionnelles ». M Janvier n'hésite pas à soutenir que la suppression des définitions entre tout à fait dans l'esprit de la charte de 1830.

« On a parlé de Straffort, dit-il. Cet exemple démontre qu'une Chambre passionnée ne s'arrêtait pas devant des définitions trop vagues. Une Chambre consciencieuse qui accuse les ministres avec justice, ne les accuserait pas s'ils étaient restés fidèles à leur mandat. »

On aurait pu répondre à l'orateur que pour les besoins de sa cause, il suppose d'abord une Chambre passionnée, puis une Chambre consciencieuse, que la loi est faite pour une Chambre consciencieuse, et, comme le disait M. Hennequin, pour des temps calmes. La responsabilité des ministres est un des rouages du régime parlementaire, et les lois qui la définissent sombrent comme les autres quand le temps des révolutions est venu. Mais encore un coup la loi n'est pas faite pour le temps des révolutions.

Au dernier moment, M. de Tracy intervint dans le débat. Il parut d'abord se poser en partisan de la non-définition, de l'arbitraire :

« Un principe du droit commun pour tous les citoyens, dit-il, qui n'est généralement pas contesté, est qu'il est permis à chacun de faire tout ce qui n'est pas défendu par la loi, parce que la liberté se présume et que toute restriction doit être clairement déterminée.

« C'est donc une obligation à l'égard de tous les citoyens de bien définir les cas punissables ; car ce sont des restrictions à la liberté naturelle de l'homme. Mais le dépositaire de l'autorité est dans un cas absolument différent, exactement contraire. »

L'orateur déclare que l'autorité est donnée à l'agent, au ministre, au nom de la société, pour qu'il l'exerce dans des limites étroites et soigneusement définies. Au delà de ces limites l'exercice de l'autorité est un abus qui, suivant le degré de l'extension de cet exercice, peut être qualifié de criminel.

« Par conséquent, ajoute M. de Tracy, à l'égard des citoyens dans le droit commun, il est indispensable que les cas défendus soient soigneusement et rigoureusement définis. Quiconque fait un acte qui ne tombe pas dans un de ces cas est innocent. Le contraire a lieu pour le dépositaire de l'autorité ; toutes les fois qu'il agit hors des limites tracées par la loi, il est coupable, à un degré plus ou moins grave, suivant le cas. »

Il n'y a donc pas d'autre définition de la responsabilité ministérielle que la définition même des limites du pouvoir des ministres. Mais ne vous semble-t-il pas que nous voilà loin de la théorie de l'arbitraire et de la thèse de Benjamin Constant qui écrivait que la responsabilité des ministres pouvait être mise en cause « pour le mauvais usage d'un pouvoir autorisé par la loi ».

Reste à connaître l'opinion du rapporteur de la commission, M. Sauzet. Après avoir admis que la charte de 1830 ne s'opposait pas à la définition, le rapporteur continuait ainsi :

« L'idée de supprimer les définitions séduit au premier coup d'œil, comme toutes les idées simples, mais quand on l'examine de près on ne tarde pas à être ramené à la nécessité des définitions ; et c'est pour cela que vous voyez que les divers projets présentés par le gouvernement et les divers rapports des commissions ont constamment offert des définitions qui rentrent plus ou moins dans celles que la commission actuelle vous propose. »

L'orateur estime que la loi proposée est une conciliation entre les règles du droit commun et les nécessités politiques. Elle doit être empreinte de l'un et de l'autre caractère. C'est bien un fait politique, mais c'est pourtant aussi une accusation terminée par un jugement, et qui, à ce titre, demande certaines garanties.

« Le droit commun criminel, continue-t-il, est sacré dans ses principes : c'est la justice, c'est l'humanité, c'est ce principe inviolable qu'on ne doit pas permettre qu'on frappe sans avoir averti ; qui ne veut pas qu'en l'absence de définitions, on fasse en même temps et avec de prétendus crimes, la loi et le jugement. »

Le rapporteur de la commission envisage les conséquences de la non-définition :

« Dirons-nous que la Chambre des députés pourra accuser toutes les fois qu'elle le jugera convenable, et que la Chambre des pairs condamnera toutes les fois qu'elle le trouvera bien ? Pensez-vous que c'est une bonne leçon à donner au peuple ? Faut-il lui dire d'avance que tout se décidera d'une manière arbitraire par des questions de majorité, suivant les exigences des temps auxquelles les passions ne sont toujours pas étrangères ? Il y a dans la conduite des ministres des fautes et des crimes. Il y a des fautes qui ne sont passibles que d'une pu-

nition politique ; elles entraînent la perte de la majorité,
elles amènent leur retraite. Mais il faut un point de dé-
part qui fixe la perte de la majorité, et même de la confiance des Chambres, du moment où il s'agit non plus
d'une simple erreur à venger, mais d'un crime à poursuivre, à venger.

» Il importe que ces principes soient dans la loi. Il
faut qu'on sache bien que vous ne voulez pas, d'une part,
par les craintes que vous inspireriez aux ministres, leur
apprendre qu'ils doivent se conserver une majorité à
tout prix, et de l'autre apprendre au pays que la perte
de la majorité les expose, non seulement à la perte du
pouvoir, mais encore à toutes les exagérations, à tous
les ressentiments politiques. »

L'orateur estime que l'on ne doit pas mettre les ministres hors de la loi commune et qu'il est nécessaire de
ne pas oublier les enseignements de l'histoire.

« Si par hasard il arrivait, dit-il en terminant, que
toutes barrières fussent impuissantes devant les passions, serait-ce une raison de les faire disparaître d'a-
vance ? Et ne faudrait-il pas au moins les exposer, pour
être présentées quelque jour à une Chambre consciencieuse et française et, dans tous les cas, pour les briser
en faisant revivre des jugements iniques dans les fas-
tes de l'histoire ? »

Après la longue discussion que nous venons d'exposer, la Chambre adopta le projet de loi de la commission. Les choses, par la suite, en restèrent là.

Nous n'avons point à parler ici du procès Teste-Cubières. C'est seulement la qualité de pairs de ceux-ci qui les entraîna devant la juridiction de la Chambre haute.

Nous avons donc épuisé la série des arguments qui ont été échangés de part et d'autre sur la question qui nous occupe. Nous n'avons point parlé de l'acte additionnel aux constitutions de l'empire, et nous l'avons fait à dessein. Cet acte disposait :

Art. 41. — Tout ministre… peut être accusé par la Chambre des représentants et jugé par la Chambre des pairs pour avoir compromis la sûreté ou l'honneur de la nation.

Art. 42. — La Chambre des pairs, en ce cas, exerce, soit pour caractériser le délit, soit pour infliger la peine, un pouvoir discrétionnaire.

Il n'y avait donc là point de doute possible. Mais n'oublions pas que Benjamin Constant fut le principal auteur de l'acte additionnel du 20 avril 1815. Il n'y a dans ce document qu'un prolongement, qu'une réalisation de sa théorie.

Et maintenant quelle sera notre conclusion ? De quel côté allons-nous nous ranger ?

*
* *

Tout d'abord il importe de faire remarquer, avec M. Esmein, qu'il n'est pas possible d'admettre ici une solution intermédiaire, comme lorsqu'il s'agit de la

responsabilité pénale du Président de la République.
On conçoit parfaitement que le Sénat ne puisse prononc-
cer d'autre peine que la déchéance contre le Président
de la République, quand celui-ci est reconnu coupable
d'un fait qui ne tombe pas sous le coup de la loi pénale.
Mais on ne peut pas en dire autant quand il est question
de ministres, qui sont essentiellement amovibles.

Il faut donc de toute nécessité choisir entre la *thèse
de l'arbitraire* et celle du *droit commun*.

M. Esmein (1) reconnaît qu'entre les deux solutions
il est permis d'hésiter. Cependant il lui semble que la
première doit être adoptée. La raison qu'il en donne
est la plus forte certainement de toutes celles qu'on
puisse invoquer, c'est celle que nous avons déjà souli-
gnée dans le discours d'Odilon-Barrot :

« Les constitutions qui ont adopté l'autre solution
(celle de l'arbitraire), droit anglais, chartes de 1814 et
1830, acte additionnel de 1815, écrit l'éminent professeur, ont déféré les accusés à une assemblée *politique*
(Chambre des Lords, Cour des pairs, Sénat). Or c'est
ce qu'ont fait aussi nos lois constitutionnelles de 1875.
Elles ont marqué par là que, dans ce cas, le jugement
du Sénat, bien que pouvant aboutir à une condamnation pénale, devait être avant tout un jugement politique et que les actes des ministres devaient, en toute
justice, bien entendu, être jugés ici comme des actes
politiques. »

(1) Esmein, *Eléments de droit constitutionnel*, p. 630.

Certainement le droit anglais admet la *théorie de l'arbitraire*, mais le droit constitutionnel anglais repose tout entier sur des traditions. Il est, on le sait, le produit de l'histoire. La spéculation s'en est emparée, elle y a découvert des principes, elle a voulu en faire, en France, une loi écrite : la loi constitutionnelle. Ce caractère de précision ne lui donne donc point le droit, peut-être, chez nous, de laisser quelque chose à l'arbitraire, dans une matière aussi grave que la responsabilité pénale des ministres.

Et puis, nous sommes dans un pays qui a l'orgueil d'avoir fait la révolution de 1789 pour déterminer et établir définitivement les droits de l'homme. Et les premiers des droits de l'homme, ce sont les garanties, toutes les garanties qu'il peut invoquer, quand il s'agit de la défense de son honneur et de sa liberté. Je ne parle pas de sa vie, car il est bien entendu que le Sénat, dans tous les cas, ne pourrait jamais prononcer la peine de mort contre un ministre condamné, puisque, depuis 1848, la peine de mort n'existe plus en matière de justice politique.

Pour bien remarquer la différence qui sépare les coutumes de l'Angleterre de nos principes constitutionnels, à cause précisément peut-être des principes de notre droit pénal, qu'on n'oublie point le *bill of attainder* et qu'on se demande si un acte semblable pourrait jamais être accompli dans notre Parlement. Au-dessus de toute notre législation, et l'inspirant, il y a des principes qui sont inviolables.

Quant à l'argument tiré des chartes de 1814 et de 1830, qu'il nous soit permis de faire remarquer que la première parlait des crimes de trahison et de concussion et qu'elle ajoutait qu'une loi devrait les définir, et que la seconde, plus large dans ses termes sans doute, laissait prévoir une loi sur la responsabilité des agents du pouvoir. Nous n'avons point à insister sur l'acte additionnel, nous avons déjà dit pourquoi. Remarquons enfin que, après toutes les discussions qui se sont engagées à ce sujet sur les constitutions de 1814 et de 1830, la Chambre a toujours adopté la théorie de la définition, c'est-à-dire du droit commun, car nous ne sortons point du droit commun, des principes de notre droit criminel, si une loi spéciale définit certains crimes spéciaux que seuls les ministres peuvent commettre, à raison de leurs fonctions.

Nous nous sommes attachés, d'autre part, à démontrer dans quel esprit Benjamin Constant, dont on invoque surtout l'autorité, avait conçu sa théorie de la responsabilité. Nous n'y reviendrons pas. Souvenons-nous que la responsabilité politique des ministres, leur responsabilité solidaire, est inscrite dans notre constitution actuelle. Souvenons-nous que nous en sommes venus à l'abus même de la pratique de cette responsabilité. Nous rappelant les paroles de Pasquier, nous dirons avec lui : « Ce qui importe à l'État, ce n'est pas tant que tous les mauvais ministres soient punis, c'est qu'ils ne puissent demeurer ministres. » Or nous sommes suffisamment assurés aujourd'hui contre la résistance des mauvais ministres.

Il nous semble donc qu'en présence même de l'article 12 de la loi constitutionnelle du 16 juillet 1875 il est nécessaire de rester dans les limites des principes de notre droit criminel. Certainement le tribunal est politique. Mais on a pu craindre, avec raison, qu'un tribunal ordinaire manquât peut-être d'autorité ou même, disons le mot, quelquefois de courage dans la circonstance. Le ministre accusé peut être populaire, quoique criminel ; le Sénat est mieux placé que n'importe quel tribunal pour résister aux entraînements passagers de la foule. Pour cette situation il a fallu transformer une assemblée politique en une assemblée judiciaire... N'allons pas plus loin. Au contraire soyons plus jaloux encore de conserver toutes les garanties qui protègent la liberté individuelle. Et ne craignons pas qu'un ministre criminel puisse échapper au châtiment qu'il mérite. En 1830, en 1879, la Chambre a trouvé sans peine les articles du Code pénal violés par les coupables.

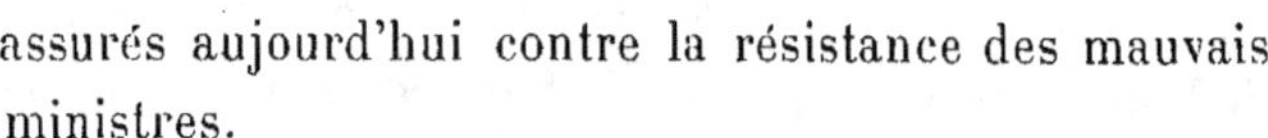

Avant de terminer cette première partie de notre étude, un dernier point reste à examiner. Il ne retiendra qu'un instant notre attention.

Nous venons d'admettre que, pénalement, le ministre ne peut être poursuivi devant le Sénat que pour des crimes tombant sous l'application du Code pénal.

Pour ces mêmes crimes, commis dans l'exercice de ses fonctions, le ministre, si la Chambre ne le met pas en accusation, ne reste-t-il pas justiciable des tribunaux de droit commun ? Est-on nécessairement obligé de mettre en œuvre la procédure indiquée par l'article 12 de la Constitution, quand un ministre commet un délit ou un crime ? La question ne nous paraît pas devoir être douteuse. Si la loi constitutionnelle dispose que « le Président de la République ne peut être mis en accusation que par la Chambre des députés et ne peut être jugé que par le Sénat », elle se garde d'employer la même formule à l'égard des ministres. Ils *peuvent* être mis en accusation par la Chambre, dit-elle, et, *dans ce cas*, ils sont jugés par le Sénat. La procédure de la Constitution n'est donc point contre eux une obligation. Cependant devant la Chambre des députés, le 16 novembre 1880 (1), dans le discours qu'il fit à propos de la suspension de l'inamovibilité de la magistrature, M. Allain-Targé soutint que les ministres ne pouvaient être mis en accusation que par la Chambre des députés et jugés par le Sénat. M. Ribot s'éleva contre cette opinion que M. Floquet partageait. Il rappela, comme nous venons de le faire, les termes de la loi constitutionnelle et soutint que les ministres restaient, le cas échéant, justiciables des tribunaux ordinaires. Depuis, à propos du cas de M. Baïhaut dans l'affaire de Panama, un arrêt (2)

(1) *Journal officiel*, 17 novembre 1880, p. 11162.
(2) Sirey, 1893, I, p. 217.

de la Chambre criminelle de la Cour de Cassation, en date du 24 février 1893, est venu confirmer cette opinion. M. Baïhaut comparut en cour d'assises.

Enfin, et ce sera notre dernière observation, faisons remarquer, en terminant, que la responsabilité pénale, par sa nature même, est essentiellement personnelle. Elle ne peut pas se présumer. Il faut qu'elle soit prouvée. Dans la séance du 5 juin 1899, à la Chambre, M. Lasies invoquait la solidarité ministérielle, à propos de la responsabilité pénale. Cette solidarité, elle est bien prévue par la Constitution, mais elle vise incontestablement la responsabilité politique. Le contraire serait monstrueux, en dehors de tous les principes de notre droit criminel.

SECONDE PARTIE

LA PROCÉDURE

La loi constitutionnelle du 16 juillet 1875 disposait « qu'une loi déterminerait le mode de procéder pour l'accusation, l'instruction et le jugement » devant la haute cour de justice. Cette loi promise n'est pas encore intervenue en ce qui concerne la mise en accusation des ministres. Sous la pression des événements la loi du 10 avril 1889 a bien été votée. Mais elle ne prévoit que les poursuites pour attentat contre la sûreté de l'État.

On en est donc réduit à se reporter aux précédents. Et les précédents ne sont pas nombreux en la matière. Nous passerons rapidement sur la proposition de mise en accusation du ministère de Villèle, en 1828. Une commission fut nommée. Elle ne rencontra de tous côtés que résistance et mauvaise volonté. La plupart des témoins qu'elle convoqua refusèrent de répondre à ses citations. Labbey de Pompierre retira bientôt lui-même son projet de résolution et il ne fut plus question de rien.

La commission, nommée pour examiner la demande de poursuites déposée sur le bureau de la Chambre contre le ministère Polignac, se souvint des résistances et des difficultés qu'avait rencontrées la commission de 1828, et elle voulut se faire conférer par la Chambre des pouvoirs bien définis.

Le 18 août 1830 (1), elle proposait le projet suivant :

« La Chambre autorise la commission nommée pour examiner la proposition de M. de Salverte, relative à l'accusation des ministres signataires des ordonnances du 25 juillet dernier, à exercer tous les pouvoirs appartenant aux juges d'instruction et aux Chambres du Conseil. »

Le jour même Bérenger, le rapporteur de la commission, soutint cette proposition. La Charte, disait-il, reconnaissant à la Chambre des députés le droit d'accuser les ministres et de les traduire devant la Chambre haute, comme la Constitution de 1875 d'ailleurs, « ce droit d'accuser et de traduire serait vain, si la Chambre n'avait celui de faire tous les actes propres à établir ou à justifier l'accusation, et à mettre les accusés en présence du haut tribunal qui doit les juger ». Le droit de la Chambre est donc de recueillir les preuves, de compulser les dépôts publics, d'entendre les témoins et de les mander devant elle ; conséquemment de lancer des mandats de comparution ou d'amener, et enfin d'interroger les pré-

____

(1) *Moniteur universel*, n° 231, 19 août 1830, p. 925.

venus. Pour l'orateur il n'y avait pas de doute, la Charte
reconnaissait à la Chambre les droits que la loi commune assigne aux juges d'instruction et aux Chambres
du Conseil.

Le 20 août (1) la discussion se continua devant la
Chambre, et M. Persil monta à la tribune pour combattre la proposition de la commission. M. Persil approuve
pleinement la demande de poursuites, mais il estime
que la commission veut tout simplement commettre une
usurpation de pouvoir. Cette commission, comme toutes
les commissions nommées dans les bureaux, a été
élue pour faire un rapport à la Chambre et rien de plus.
Le crime est flagrant. Quels sont d'ailleurs les termes
de la Charte. L'article 55 porte : « la Chambre des députés a le droit d'accuser les ministres et de les traduire
devant la Chambre des pairs, qui seule a celui de les
juger. »

« Ainsi, dit M. Persil, en accédant aux conclusions de
la commission et en nous transformant en Chambre
d'accusation vous jugeriez les ministres, vous les jugeriez même définitivement si vous les acquittiez... »

Puis l'orateur développe le sens des mots accuser et
traduire. Accuser, c'est dénoncer, porter plainte ; traduire, c'est poursuivre devant la juridiction compétente
et faire tous les actes utiles à cette poursuite. Dans l'hypothèse où la théorie de la commission serait admise,

(1) *Moniteur universel*, nº 233, 21 août 1830, p. 936 et suiv.

M. Persil se demande si la Chambre aurait encore le moyen de soutenir par des délégués l'accusation devant le Sénat. M. Thil répond à M. Persil, il s'étonne qu'on puisse dénier à la commission le droit d'agir comme juge d'instruction.

Puisque la Charte donne à la Chambre le droit d'accuser les ministres, celle-ci a incontestablement le droit de rechercher les preuves, d'en former un faisceau lumineux, afin que son accusation repose sur des bases en quelque sorte inébranlables. Or si la Chambre a ces pouvoirs, elle peut les déléguer à la commission.

On ne peut pas dire que la Chambre jugera définitivement les ministres quand elle recherchera les preuves d'après lesquelles elle devra décider en son âme et conscience s'il y a lieu à accusation. Le droit de la Cour des pairs reste entier.

M. Mestadier en revient aux mots accuser et traduire. Or pour accuser et pour traduire il suffit d'indices, de présomptions graves. La loi et la raison n'exigent pas autre chose.

L'orateur énumère tous les droits d'un juge d'instruction, et il estime que la Chambre ne peut pas se les arroger.

M. Ravoux déclare que la commission a besoin des pouvoirs qu'elle demande. Villemain à son tour prend part à la discussion.

« Dans le système adopté par la commission, dit-il, on affaiblit la prérogative de la Chambre au lieu de l'étendre. On la fait descendre de son haut degré de pouvoir politique, de portion de la puissance publique, de tiers dans la souveraineté, pour l'assimiler à une Chambre du conseil que je respecte infiniment sans doute, mais qui ne peut avoir d'analogie avec un grand corps d'État. » Villemain en arrive tout de suite aux principes qu'il devait développer plus tard, à propos du pouvoir de justice souverain, absolu, arbitraire du Parlement sur les ministres.

» Nous aurons des ministres, continue-t-il, qui administreront plus ou moins bien…. quand il s'agira de juger de tels ministres, des ministres qui auront par exemple cédé une portion de territoire conquis, est-ce que vous procéderez par la voie de la Chambre du conseil et du juge d'instruction ? Ne reconnaîtrez-vous pas que ces matières essentiellement politiques ne doivent pas être résolues par les procédés ordinaires du droit ? … Par cela seul qu'une Chambre forme une accusation contre un ministre, ce ministre est abattu ; il ne s'en relève pas. Il pourra bien être absous, mais il est tué. Je parle pour l'avenir. Supposez un ministre accusé, et l'accusation portée par la majorité de cette Chambre. De ce fait résulte pour lui l'impuissance de subsister davantage comme ministre. Le droit de faire arrêter et emprisonner un ministre n'est pas nécessaire à la Chambre des députés, puisque le droit immense qu'elle a de porter une accusation lui donne une autorité si forte…

» Que se passe-t-il en Angleterre ?

» La Chambre des communes porte une accusation contre un ministre, cette accusation suffit pour le faire tomber ; il est en fuite, il disparaît, on est enchanté d'en être débarrassé... Lorsque les ministres accusés restent pour entendre leur condamnation, c'est la Chambre des pairs qui est chargée de faire une enquête détaillée. La Chambre des communes se contente d'une information rapide, mais non moins sûre. »

Villemain se demande si, pour cette enquête rapide, la Chambre est suffisamment armée ? « C'est sous ce rapport, dit-il, qu'il me paraît important que la Chambre ajoute aux vues de la commission, qu'elle lui donne certain pouvoir défini. C'est le cas de faire *privata lex*...

» En Angleterre, la Chambre des communes peut faire arrêter quiconque lui manque de respect, et elle regarde comme un manque de respect le refus d'un témoin de se présenter quand on l'appelle. Je voudrais donc que la commission fût investie du droit de faire paraître des témoins devant elle. »

M. Dupin, qui prit part à la discussion, se contenta d'envisager la question au seul point de vue du procès actuel.

« Notre justice, dit-il, est une justice politique... L'accusation et le jugement sont deux choses distinctes... Cependant personne ne contestera que l'une comme l'autre exige qu'on ne se décide qu'en connaissance de cause...

» La notoriété n'existe pas toujours...

» La clameur publique ne peut pas être écoutée par le juge quand on demande la condamnation d'un innocent ou l'absolution d'un coupable. » Mais dans l'affaire actuelle l'orateur estime que la lumière est suffisamment faite. « Pour qu'il y ait accusation, ajoute-t-il, il suffit de présomptions extrêmement graves. » Pour M. Salverte, si la Chambre n'avait pas les pouvoirs d'un juge d'instruction son droit d'accuser les ministres serait parfaitement illusoire et tomberait de lui-même. Mais la Chambre a ses pouvoirs ; l'orateur cite l'article 1.ᵉʳ du Code pénal qui dit que la recherche des délits appartient exclusivement à l'autorité chargée de les poursuivre : « Or il y a une autorité, déclare-t-il, spécialement chargée de la poursuite des délits ministériels, c'est la Chambre des députés... Jamais je ne croirai que dans un pays civilisé on puisse faire justice sans entendre l'accusé... l'exemple de l'Angleterre ne me paraît pas concluant.

» La pairie anglaise est antérieure à la monarchie elle-même... Les ministres trouvent donc en Angleterre des juges différents des nôtres. »

Mais l'orateur signale une autre différence encore :

Les statuts anglais, dit-il, sont le résultat de précédents, d'usages auxquels la coutume a donné force de loi. Ici nous avons une règle positive écrite dans la Charte. Elle dit que nous avons le droit d'accuser et de traduire ; or ce droit nous donne et nous impose le pouvoir dont la commission demande la délégation. »

B. — 7

M. Mauguin, dans les observations qu'il tient à présenter, examine d'abord le cas tout particulier que crée l'arrestation des ministres. On sait que les ministres ont été arrêtés dans leur fuite. Cette arrestation, il importe de la régulariser au plus tôt. Puis M. Mauguin continue ainsi :

« Comment pourrait-on refuser à la Chambre le droit de lancer un mandat de dépôt, de procéder à un interrogatoire ? Est-ce que par hasard un ministre coupable. menacé d'accusation, ne prendra pas la fuite sur le champ, si vous n'avez pas comme tout corps chargé d'accusation le droit de le saisir ? Est-ce que l'accusation ne deviendrait pas pour vous un droit tout à fait stérile si vous ne pouviez interroger le prévenu ? »

L'orateur invoque le droit commun : « Remarquez, dit-il, ce que les corps chargés de l'accusation font d'après la loi générale. On distingue la plainte, l'accusation et le jugement. La plainte c'est la révélation d'un fait coupable par la partie privée. L'accusation c'est la partie publique. Le jugement, c'est le dernier état du grand drame criminel. L'accusation est plus que la plainte, car la société intervient, et dans la plainte seulement l'individu. Et comme dans l'accusation la société intervient, elle met à la disposition de l'accusateur tous les moyens nécessaires pour vérifier si la plainte est fondée. Ainsi vous voyez d'abord le ministère public qui reçoit la plainte, le juge d'instruction qui recherche les faits, la Chambre du Conseil qui connaît le rapport

du juge d'instruction et qui décide s'il y a matière à
accusation. Serez-vous moins qu'un juge d'instruction,
qu'un procureur du Roi ? Vous, corps politique, vos pouvoirs n'iront-ils pas jusqu'à faire ce qu'on fait dans les
derniers degrés de la hiérarchie judiciaire ?.. Le droit
d'accuser sans le droit de rechercher les preuves n'est
pour un corps politique que le droit de se compro-
mettre. » Et, prévoyant ce qui devait arriver, l'orateur
déclarait que la décision de la Chambre serait perpétuelle, qu'elle établirait un précédent. Enfin M. Mauguin repoussait aussi l'exemple de l'Angleterre où la
coutume fait loi. Reste à connaître l'avis du rapporteur de la commission, M. Bérenger. M. Bérenger soutint que la Chambre avait les droits que la commission
demandait. Comme l'orateur précédent, il n'admit point
qu'on pût invoquer l'exemple de l'Angleterre où la
Chambre des communes d'ailleurs pouvait user d'un
subterfuge en condamnant les témoins récalcitrants
pour manque de respect.

La résolution de la commission fut adoptée.

Nous verrons plus loin que la Chambre des pairs se
reconnut le droit de compléter l'instruction. La question de principe, que venait de trancher la Chambre des
députés, se retrouve dans le projet de loi sur la responsabilité des ministres, présenté le 12 décembre 1832
à la Chambre des députés par M. Barthe, Garde des
sceaux. Dans son projet (1) M. Barthe réserva les pou-

(1) Eugène Pierre, *Traité de droit politique* (1893), p. 643, note 1.

voirs du juge d'instruction à la Chambre des pairs ; et
il est intéressant de constater que le rapporteur de la
commission qui fut nommé pour examiner ce projet de
loi, M. Bérenger lui-même, se rangea à l'avis du Garde
des sceaux. Pour M. Bérenger, le précédent de 1830 se
justifiait à cause de l'état d'arrestation des ministres,
mais il lui paraissait préférable que la Chambre se ren-
fermât dans son rôle d'accusatrice. Elle se trouve, disait-
il, dans la même position envers les prévenus que le
serait le ministère public à l'égard des accusés ordinaires. Il reconnaissait d'ailleurs à la Chambre le droit de
demander des renseignements au ministre inculpé, et
de requérir la communication de documents propres à
l'éclairer. Il est vrai qu'on pourra les lui refuser. Mais
il est peu probable qu'on le fasse.

Enfin M. Bérenger invoquait cette fois l'exemple de
l'Angleterre où la Chambre des communes peut seulement demander à la Chambre des lords l'arrestation
des ministres. La Chambre des lords reste maîtresse
de refuser, bien entendu, cette mesure.

Comme tous les projets de loi sur cette matière, le
projet de loi de M. Barthe resta dans les cartons de la
Chambre ; cependant la solution qu'il proposait, quant
à la question qui nous occupe, paraît avoir été adoptée
définitivement, c'est celle que préconisait M. Henri Brisson, dans la circonstance que l'on sait, et dans la séance
du 5 juin 1899, M. Krantz, ministre de la guerre, soute-
nait que le Sénat pouvait seul faire arrêter un ancien

ministre, pour crimes commis dans l'exercice de ses fonctions. M. Viviani reconnaissait que le rôle de la commission parlementaire dans cette circonstance était d'enquêter, d'examiner, de contrôler. Une autre question se présenta à la discussion du législateur de 1830. Pour soutenir l'accusation devant la Chambre des pairs, la Chambre des députés avait nommé trois commissaires, MM. Persil, Bérenger et Madier de Montjau.

Devant la Chambre des pairs, dans la séance du 1er octobre 1830 (1), quelques-uns contestèrent à la Chambre des députés le droit de se faire ainsi représenter.

Revenant sur une querelle que nous connaissons déjà, le comte Boissy d'Anglas fit observer que la Chambre avait le droit d'accuser et non celui de poursuivre. Le comte de Pontécoulant vint soutenir le droit de la Chambre : « La Charte, déclara-t-il, qui dit que les ministres seront jugés par la Chambre des pairs ajoute qu'ils doivent être accusés et traduits devant la Chambre des pairs par la Chambre des députés. Or d'après cet article, la Chambre des députés n'a fait que remplir la rigueur de son devoir en exerçant toutes les fonctions préliminaires au jugement... C'est cette portion d'autorité dont est investie la Chambre du Conseil, que la Chambre des députés a attribuée à sa Commission. »

L'orateur, comme M. Bérenger, explique que la Chambre dans son ensemble s'est réservé le rôle de

____

(1) *Moniteur universel*, n° 275, 2 octobre 1830, p. 1205 et suiv. E. Pierre, *op. cit.*, p. 645.

chambre d'accusation. Il en vient à la question même des commissaires. Il rappelle d'abord l'exemple de l'Angleterre où la Chambre des communes suit l'accusation devant la Chambre des pairs par des commissaires. Il continue ainsi :

« Dans cette occasion que fait la Chambre des députés ? Elle représente la société ; elle est en quelque sorte la France personnifiée, qui, au nom de l'intérêt public, du maintien des lois, de l'avenir de nos destinées futures, croyant que de grands griefs sont à déduire dans la Chambre des pairs, porte des accusations contre les anciens agents de l'autorité. En cela elle parle au nom de la France, de la société ; elle remplit en grand, en politique, les pouvoirs qui, dans l'ordre ordinaire de criminalité, sont remplis par le ministère public au nom du Roi, c'est-à-dire au nom de la société. »

Un orateur soutint qu'il serait absolument contraire à tous les principes du droit criminel que le procureur du Roi ne fût pas représenté à l'audience. Il proposait d'adjoindre un magistrat du parquet aux commissaires de la Chambre des députés. Le président Pasquier intervint. Il montra le danger qu'il y avait dans l'expédient proposé. Qu'arriverait-il, en effet, si le procureur du Roi n'était point d'accord avec les commissaires ? En fin de compte la Chambre des pairs ratifia la résolution de la Chambre des députés. En 1879, le projet d'accusation contre les ministères de Broglie et de Rochebouët contenait l'institution des commissaires.

Et maintenant comment la Chambre haute est-elle constituée en Cour de justice, quand elle se trouve en face d'une mise en accusation des ministres? Lorsqu'il s'agit d'un attentat contre la sûreté de l'État, un décret du chef de l'État intervient. Ce décret est-il nécessaire dans le cas qui nous occupe?

Cette question fut aussi tranchée au cours de la séance du 1ᵉʳ octobre 1830 et il ne semble pas qu'on puisse remettre en discussion la solution intervenue.

« Vous n'avez pas besoin d'ordonnance royale pour être saisis, déclara le duc Decazes ; vous l'êtes par la charte, en même temps que par la Chambre des députés. Le dernier tribunal du Royaume pourrait se saisir par lui-même, si le ministère public ne le saisissait pas. Il me semble que la Chambre des pairs a bien le droit qu'aurait ce dernier tribunal. »

La Chambre des pairs adopta cette opinion et vota le projet d'arrêté suivant, présenté par le président Pasquier :

« La Chambre, vu le message à elle adressé sous la date du 30 septembre dernier, portant communication de la résolution prise par la Chambre des députés, dans sa séance du 28 du même mois, et de la nomination des commissaires chargés de suivre et de soutenir l'accusation portée par ladite résolution ; arrête qu'à l'effet de procéder, ainsi qu'il appartiendra sur ladite résolution, elle se réunira en cour de justice lundi prochain, 4 du présent mois, à midi : elle arrête également que le président se retirera par devers le Roi, pour donner connaissance à Sa Majesté du présent arrêté et que la Chambre des députés en sera informée par un message. »

Complétons notre sujet en énumérant rapidement les derniers détails de la procédure. Ce fut dans la séance du 4 octobre que la Chambre des pairs se reconnut le droit, comme nous l'avons déjà dit, de faire une instruction supplémentaire. Dans l'arrêt qu'elle rendit à ce sujet, elle organisa le greffe de la haute Cour de justice, et chargea le garde des registres de la Chambre des fonctions de greffier.

Le 29 novembre 1830, l'instruction fut terminée. La Cour, considérant la résolution de la Chambre des députés comme un arrêt de mise en accusation, rendit un arrêt aux termes duquel elle se déclarait compétente et ordonnait la prise de corps des ministres, pour qu'ils fussent incarcérés au petit Luxembourg.

Le même arrêt repoussa l'intervention des parties civiles.

Le procès s'ouvrit devant la haute Cour le 15 décembre et se termina le 21 du même mois par l'arrêt que nous avons rapporté plus haut.

Nous avons examiné la question de savoir comment la Chambre des pairs pouvait être saisie. Il nous reste à examiner de quelle façon la Chambre des députés peut être elle-même saisie de la demande de mise en accusation.

M. Eugène Pierre (1), dans son excellent livre, déclare

(1) Eugène Pierre, *Traité de droit politique*, 1893, p. 646.

que les membres seuls de la Chambre des députés peuvent prendre l'initiative d'une demande de mise en accusation. Pourtant il reconnaît au Gouvernement le droit de signaler la nécessité d'une pareille mesure ; et il cite les paroles du général Farre qui, le 23 novembre 1880, déclarait à la Chambre que c'est à elle qu'il aurait dénoncé le général de Cissey, s'il avait cru utile de demander la mise en accusation de ce dernier.

Le Gouvernement peut-il intervenir en pareille matière ? C'est par l'examen approfondi de cette dernière question que nous allons terminer notre travail.

.·.

Cette question fut agitée dans la fameuse séance du 13 mars 1879. On se rappelle que le ministère intervint au cours de la discussion qui s'engagea sur la mise en accusation des ministères de Broglie et de Rochebouët. Le rapporteur de la commission, M. Henri Brisson, qui savait que cette intervention devait se produire, s'occupa de la combattre dès les premiers mots de son discours. Il exposa l'opinion de la commission sur ce sujet. Il déclara :

« La commission s'était dit : les ministères sont soumis à deux ordres de responsabilité : la responsabilité politique, la responsabilité pénale.

» Par la mise en jeu de la responsabilité politique, ils perdent le pouvoir. C'est le cas du cabinet de Broglie et du cabinet de Rochebouët, ils ont disparu devant les défiances de cette assemblée, d'où il suit, nous disions-nous, que si l'examen de leur gestion est repris ou dans le Parlement ou dans une des branches du Parlement, celle-ci ne fonctionne plus comme pouvoir législatif, mais comme compagnie judiciaire et, pour emprunter l'expression de notre illustre président (1) au début de cette séance, comme un grand jury national. » L'orateur ajoutait :

« Supposons, Messieurs, pour un instant, que nous soyons ici, non pas devant la Chambre des députés mais devant le Sénat ; supposons qu'il s'agisse de juger défi-nitivement les deux ministères du 16 mai et du 23 no-vembre, est-ce que vous imaginez le cabinet actuel, le pouvoir exécutif intervenant dans la question, venant réclamer ou une condamnation ou un acquittement ? Se pourrait-il inventer une prétention plus criante et plus choquante ? Les juges permettraient-ils au Gouverne-ment de troubler et de désorienter à ce point leur cons-cience ? A cette question de savoir si des hommes sont coupables, serait-il licite de substituer cette question si différente : va-t-on renverser ou va-t-on maintenir un cabinet ? Eh bien ! Messieurs, ce qui ne serait pas per-mis dans la Chambre de jugement, est-ce que cela peut être permis dans la Chambre d'accusation, dans ce grand jury national dont nous parlait notre Président ? »

M. Floquet partageait le sentiment de M. Henri Bris-

(1) Gambetta.

son. « C'est, disait-il, en parlant du rôle de la Chambre des députés, le procureur de la République, c'est le procureur général de la Nation qui s'interroge lui-même. Et je ne comprends pas comment des personnalités si respectables et si élevées qu'elles soient, mais qui sont étrangères à l'exercice du pouvoir judiciaire de la Chambre, interviennent dans ce débat. »

Mais M. Floquet qui, dans cette matière, voulait avec un soin jaloux isoler le rôle judiciaire de la Chambre de son rôle politique, se donnait tort bientôt par les termes mêmes de la conclusion de son discours :

« En acceptant les conclusions de votre Commission, déclarait-il, en prononçant la mise en accusation, vous ne ferez pas ce qu'on vous reproche de faire : vous ne ferez pas un acte de politique absolue, intransigeante, de cette politique de nature à effrayer le pays, et quelquefois on a dit l'Europe elle-même.

» Non, Messieurs, vous ferez un acte de justice modérée. Vous appliquerez la politique et les résolutions que vous avez déjà prises ; vous continuerez la politique que vous avez adoptée lorsque vous avez voulu que, pour l'honneur du suffrage universel, les élections des 14 et 28 octobre 1877 fussent soumises à une commission d'enquête, qu'elles fussent soigneusement contrôlées et qu'elles fussent invalidées toutes les fois que les vices de la candidature officielle y paraissaient visiblement. Vous continuerez la politique par laquelle vous avez demandé à votre gouvernement de renvoyer de l'administration française les fonctionnaires qui se sont compromis au service de la Réaction contre le gouvernement républicain. Vous terminerez cette politique par une mise en accusation des Ministres, et en faisant cela, vous ne blesserez pas, soyez-en sûrs, la vérité judiciaire. »

Le Ministre de l'Intérieur, M. Lepère, ne manqua point de relever la contradiction que nous venons de signaler.

« Messieurs, dit-il en faisant allusion à M. Floquet, l'honorable orateur qui descend de cette tribune a commencé par vous dire : vous n'avez pas à faire œuvre de politique mais à faire œuvre de justice ! et il vient de terminer son éloquent et remarquable discours par ces paroles : en rendant le verdict que vous demande la commission d'enquête, vous serez d'accord avec votre politique, et, pour préciser sa pensée, il a exposé toute la politique suivie jusqu'à ce jour par la majorité républicaine, en vous priant de la couronner par un vote de mise en accusation.

» Qu'est ce-à dire ? c'est que tout procès de ce genre soulève à la fois une question de justice et une question de politique, et que lorsqu'il s'agit de politique, lorsqu'il s'agit d'instituer un grand jury national, tout le monde a droit de se demander non seulement si le crime existe, mais s'il est opportun de le punir. »

Et plus loin l'orateur ajoutait :

« Quoi ! lorsqu'il s'agit pour le Gouvernement de

rechercher non seulement quel est le véritable sentiment public, mais encore où est le réel intérêt de la
nation ; quand une grande question politique s'agite et
qu'elle soulève des difficultés complexes, aussi bien
d'interprétation saine que d'étude réfléchie, vous voulez
que le Gouvernement soit muet et qu'il reste impassible
à son banc ? »

M. Waddington, ministre des affaires étrangères et
président du Conseil, avait exprimé la même opinion en
réponse au discours de M. Henri Brisson. Il avait déclaré
que la mise en accusation des ministres était une question politique au premier chef.

Enfin M. Madier de Montjau monta à la tribune pour
défendre l'opinion de la commission. S'adressant au
Gouvernement il s'écria :

« Vous dites que vous avez le droit d'intervenir dans
ce débat ; je le nie, je le nie absolument. Nous sommes,
en ce moment, comme vous l'a dit admirablement mon
ami Brisson, non plus un parlement dans lequel vous
avez affaire et place, où vous avez droit à la parole, mais
une cour de justice souveraine, unique, sans appel, où
le garde des sceaux lui-même n'a le droit ni de se présenter, ni de parler, parce que cette Cour n'est pas,
comme les Parquets, soumise à son autorité, tenue d'é-
couter respectueusement son avis. Elle est plus haute
que lui ! Elle est au-dessus de son pouvoir et de ses con-
seils !

» Vous n'y deviez pas intervenir pour une autre raison

encore : parce que vous êtes des ministres ; comme tels responsables, et que — je ne marchande pas les mots — un sentiment de haute convenance, le souvenir de votre propre responsabilité devait vous interdire absolument l'immixtion dans cette affaire, au profit de l'irresponsabilité ministérielle. »

Il ne nous paraît pas douteux cependant que la thèse soutenue par le Gouvernement ne fût la bonne. Il est incontestable que la mise en œuvre extrêmement délicate de la responsabilité pénale des ministres soulève une question de politique, une question de politique intérieure.

Mais si l'on admet l'intervention du Gouvernement dans la discussion de la mise en accusation des ministres, peut-on aller jusqu'à dire que le Gouvernement a le droit de prendre devant la Chambre l'initiative de la mise en accusation ? Le droit à cette initiative lui a été contesté dans la séance du 5 juin 1899 par l'honorable M. Ribot. Le ministre de la justice, M. Lebret, avait adressé au Président de la Chambre des députés la lettre suivante :

« Paris, le 5 juin 1899.

« Monsieur le Président,

» L'arrêt des Chambres réunies de la Cour de cassation
» du samedi 3 juin 1899, renferme le passage suivant :
» Sur le moyen tiré… etc…
» le fait dont l'existence est ainsi constatée, à la charge

» d'un ancien ministre de la guerre, par l'arrêt de la
» Cour, paraît tomber sous le coup des articles 114 et
» suivants du Code pénal ;

» Attendu que l'article 12 de la loi constitutionnelle
» du 16 juillet 1875 dispose, § 2, que « les ministres
» peuvent être mis en accusation par la Chambre des
» députés pour crime commis dans l'exercice de leurs
» fonctions. En ce cas, ils sont jugés par le Sénat ».

» Dans ces conditions, le Gouvernement a l'honneur
» de vous demander de saisir la Chambre, à laquelle il
» appartient, conformément à l'article 12 susvisé, de
» décider s'il y a lieu à renvoi devant le Sénat.

» Veuillez agréer…, etc… »

M. Ribot, lorsque le président de la Chambre eut
déclaré que la lettre du Ministre de la justice serait imprimée, distribuée et renvoyée à l'examen des bureaux,
demanda la parole :

« M. le Président annonçait tout à l'heure, dit-il,
que la lettre de M. le Garde des sceaux allait être
renvoyée à l'examen des bureaux ; eh bien ! je ne crois
pas qu'il y ait lieu à cette procédure, et cela par une
raison bien simple, c'est qu'il n'appartient pas au gouvernement de provoquer, de mettre en mouvement la
procédure de mise en accusation d'un Ministre.

» La Chambre, devant qui les ministres sont responsables, a le droit, mais elle a seule le droit, de les mettre
en accusation… Je revendique le droit de la Chambre.
Si, en ce moment, on renvoie aux bureaux la lettre de

M. le Garde des sceaux, que pourront faire les bureaux ?
S'ils prennent l'initiative d'une demande de mise en
accusation, c'est alors le Gouvernement qui aura mis en
accusation ses prédécesseurs. Il n'en a pas le droit. »

M. Millerand exposait autrement la question. Quand il
s'agit d'une mesure comme la mise en accusation d'un
ancien ministre, il y a une grande responsabilité à prendre pour la Chambre. « Cette responsabilité, déclara
M. Millerand, la lettre de M. le Garde des sceaux la
place devant elle ; il n'est pas possible que nous nous
dérobions et que nous refusions de répondre à la question qui nous est soumise. » On voulut connaître l'avis
de M. Lebret.

« Messieurs, se contenta de dire le Ministre de la justice, par le seul fait que le Gouvernement a adressé à
M. le président de la Chambre la lettre qui vient de vous
être lue, il s'ensuit que le Gouvernement considère que
la procédure dont il s'agit est régulière. »

Nous nous ralliions à l'opinion exprimée par le Gouvernement en cette circonstance. Si, comme le disait
M. Lepère dans la séance du 14 mars 1879, et comme
nous reconnaissons qu'il avait raison de le dire, si le
Gouvernement a le droit d'intervenir dans une pareille
discussion, s'il peut discuter de l'opportunité d'une
semblable poursuite, s'il peut enfin s'opposer dans le
débat à la mise en accusation demandée, il peut incontestablement la provoquer. Dans les deux cas il est juge
des nécessités politiques. Il n'est pas impossible qu'un

intérêt supérieur ne l'oblige à mettre la Chambre des députés, comme le disait M. Millerand, en face de la responsabilité qu'elle doit prendre. Il l'invite pour ainsi dire dans ce cas à prendre l'initiative de la mise en accusation. Il n'empiète point sur sa prérogative constitutionnelle. Le dernier mot reste à la Chambre. Si le Ministre dont le Gouvernement signale le fait coupable est mis en accusation devant le Sénat il ne peut l'être qu'en vertu d'une résolution expresse de la Chambre des députés. Il n'y a là aucune atteinte portée à l'article 12 de la loi constitutionnelle du 16 juillet 1875.

Vu :

Le Président de la thèse,

A. ESMEIN.

Vu :

Le Doyen,

GLASSON.

Vu et permis d'imprimer :

Le Vice-Recteur de l'Académie de Paris,

GRÉARD.

TABLE DES MATIÈRES

PREMIÈRE PARTIE

THÉORIE DE LA RESPONSABILITÉ.

SSCONDE PARTIE

LA PROCÉDURE.

Imp. J. THEVENOT. Saint-Dizier (Haute-Marne).

Imp. J. Thevenot, Saint-Dizier (Hte-Marne)